Ganar Dinero Prestando Dinero por Internet

Diversifica tus inversiones con rendimientos superiores a la bolsa, bonos de Gobierno o tu banco

Eugenio Manrique

Índice

Prefacio ... 1
Suscripción ... 6
Definiciones ... 7
Introducción ... 8
- Préstamos y sus Tipos ... 11
- Préstamos Persona a Persona ... 14
- Funcionamiento de los Préstamos Persona a Persona ... 16
- Ventajas de los Préstamos Persona a Persona ... 17
- Desventajas de los Préstamos Persona a Persona ... 21
- Responsabilidades de un Intermediario ... 23
- Regulación en México y el Mundo ... 24
- Tasas de Interés en Préstamos Persona a Persona ... 26
- Cálculo de los Intereses ... 28
- Impuestos ... 38
- Usos de los préstamos ... 42

Estrategia ... 45
- Proceso de Selección de un intermediario ... 46
- Depósito de fondos a tu Cuenta ... 50
- El Secreto está en la Diversificación ... 52
- Selección de Prestatarios ... 55
- Cantidad a Invertir ... 64
- Rendimiento Neto ... 66
- Reinversión de Capital e Intereses ... 72
- Retiro de fondos ... 75
- Estrategia de salida ... 77

Préstamos internacionales, Bitcoin y otros ... 79
Conclusión ... 85
Bonus - Los tres principales sitios en México ... 86
Un Favor... ... 88

Renuncia de Responsabilidad

La información contenida en este libro es para propósitos educacionales y de entretenimiento. No deberá ser considerada como una recomendación o en sustitución de asesoramiento profesional. Deberás consultar con un Contador Público Certificado y un Asesor Financiero cualquier tema relacionado con tus impuestos y finanzas. Si deseas aplicar cualquiera de las ideas presentadas, es bajo tu propia responsabilidad.

Al día de la publicación, el autor ha realizado su mejor esfuerzo para presentar información veraz y actualizada. Ni el autor ni su publicista asumen responsabilidad alguna por daños o pérdidas causadas por errores u omisiones presentados en el libro, sin importar que sean debido a negligencia, accidente o cualquier otra causa.

Los rendimientos pasados no garantizan rendimientos futuros. Cualquier inversión representa un riesgo que puede resultar en la pérdida parcial o total del capital invertido.

Dicho todo esto y evitando así los malos entendidos, ¡comencemos!

Prefacio

Durante mucho tiempo creí que ahorrar era de los mejores consejos que había recibido. Desde pequeño, siempre buscaba ahorrar para comprar aquellas cosas que tanto anhelaba: juguetes, consolas de videojuegos, televisión de alta definición, un coche, un departamento, en fin... El dinero fruto de mi esfuerzo se quedaba ahí guardado, debajo del colchón y luego en el banco, esperando a que fuera suficiente para poder comprar lo que deseaba.

En México me tocó vivir varias devaluaciones y fuertes inflaciones; pero a pesar de ello no me daba cuenta que dicho dinero "ahorrado" estaba perdiendo su poder adquisitivo. En otras palabras... ¡Estaba perdiendo dinero ahorrando dinero! Leí muchos libros al respecto, incluidos el *Padre Rico Padre Pobre* de Robert Kiyosaki, cuya idea del cuadrante del dinero me pareció muy interesante. Yo quería situarme en el cuadrante I, el cuadrante del Inversionista. Para quienes no han leído el libro, el cuadrante del inversionista es donde el dinero trabaja para ti y no al revés. ¡A la ch1ng@d@ ser Godínez!

Emocionado, compré todos los libros de la serie y los que le siguieron. Yo quería que mi dinero trabajara para mí. Desafortunadamente, los pocos consejos prácticos estaban enfocados principalmente en bienes raíces y en una realidad muy distinta a la que vivimos en los países "en vías de desarrollo". Las recomendaciones decían: solicita una o dos hipotecas, luego renta los inmuebles a un costo superior al de tus compromisos mensuales para obtener una ganancia (además de conservar inmueble al término de la hipoteca). Más claro y sencillo no podía ser... ¡Tonto yo que no se me había ocurrido antes!

Investigué entusiasmado los costos de varios departamentos y casas. Averigüé también los precios de renta en esas zonas y solicité créditos hipotecarios en todos los bancos. Más desilusionado no podía estar. Por lo menos en México, no había quien te prestara sin exigir el pago de un enganche considerable (por lo menos el 20% del monto total) y comprobantes de ingresos varias veces superiores a las mensualidades. Los intereses también eran relativamente altos (arriba del 10% anual), además de tener que pagar muchos otros gastos (apertura de crédito, escrituración, seguros y demás).

Para colmo de mis males, las mensualidades de la hipoteca siempre superaban el valor comercial de renta del inmueble. En ese entonces no entendía cómo era posible que en Estados Unidos fuera tan fácil, aunque ahora me queda claro (gracias crisis mundial hipotecaria del 2007...). Desanimado, comencé a pensar que no tenía opción más que pertenecer al cuadrante E de Empleado (o en México G de Godínez). Cuando mucho podía aspirar al cuadrante A de Auto-Empleado y si me iba muy bien pasar al cuadrante D de Dueño.

Hice de todo, traté de emprender en varios tipos de negocios principalmente en línea. Comencé a importar y vender productos en una página web y sitios como Mercado Libre. Aunque no me puedo quejar, pasé de trabajar de 10 a 18 horas al día (incluidos fines de semana). ¡Me había convertido en un Super Saiyajin Godínez! Al poco tiempo (casi dos años) estaba exhausto y estresado. Fue entonces que me di cuenta que lo mío, lo mío... son los ingresos "pasivos".

Tiempo atrás ya había tenido oportunidad de incursionar en el tema de la bolsa de valores. En la universidad incluso tomé un curso de "Análisis Técnico" y me sentía bastante preparado. Preguuuuuuuntenme de tendencias, pisos, techos, series de Fibonacci, análisis estocástico, conos, cunas, promedios móviles, velas japonesas y demás. Seguro iba a ser de lo más fácil. Compra en pisos, vende en techos. ¡Sencillo! Que Warren Buffet ni que ocho cuartos.

Lamentablemente no fue tan sencillo como pensaba, mucho menos una vez que tu dinero está en la mesa. Tampoco me puedo quejar y no me ha ido mal, pero también se requiere invertir mucho tiempo. Hay que estar al pendiente de las noticias, reportes cuatrimestrales, tendencias de la industria, IPOs (ofertas públicas iniciales), adquisiciones, fluctuaciones en los mercados entre muchas otras cosas. ¿Y que les digo de los dividendos? Muchas de las acciones ni si quiera los ofrecen y quienes sí lo hacen suelen andar entre el 1 y 2% anual.

No hay que olvidar las comisiones que cobran la mayoría de los intermediarios (brokers). Muchas veces cobran una cuota fija mensual por manejo de cuenta, además de cierto costo por transacción y/o un porcentaje sobre el monto total. En las cuentas de "principiantes", las comisiones pueden afectar tus rendimientos al hacer múltiples operaciones (pierdas o ganes dinero). Tampoco hay que olvidar a papá gobierno quien también se lleva su "mochada" (en forma de impuestos) sobre toda ganancia de capital.

Para evitar malas interpretaciones, quiero aclarar que no estoy en contra de las inversiones en la bolsa de valores en sus distintas opciones (acciones, fondos de inversión, ETFs, etc.). Creo que la bolsa es una buena alternativa a largo plazo (10 años o más). Pero creo que no es tan atractivo a corto plazo para quienes no se dediquen de tiempo completo.

Una alternativa más segura son los valores gubernamentales. En México se les conoce como CETES (Certificados de la Tesorería) y son emitidos por el gobierno para fondearse. A cambio ofrecen una tasa de interés cobrable al final de un plazo establecido. Los plazos pueden ser desde 28 días hasta varios años, periodo en el cual no podrás disponer de dicho dinero. Al finalizar el tiempo de inversión recibes tu capital con intereses. Lamentablemente los intereses que ofrecen (entre 2 y 3%) andan por debajo de la inflación. Si bien es mejor que dejar tu dinero debajo del colchón, no representa una ganancia de capital.

Probé también alternativas más riesgosas y agresivas, entre ellas el intercambio de *criptomonedas* (BitCoin), FOREX (cambio de divisas) y opciones binarias entre otras. Debido a su alta volatilidad, ofrecen muy buenos rendimientos a corto plazo (días a meses) pero con el gran riesgo de tener fuertes pérdidas. Además, gracias al apalancamiento las pérdidas pueden ser incluso mayores al capital invertido.

No quise rendirme y seguí investigando otras alternativas de inversión. Finalmente me encontré con un sistema muy interesante: Los Préstamos Persona a Persona (Peer to Peer Lending en Inglés). El funcionamiento es muy sencillo; una persona solicita un préstamo y varios inversionistas cooperan para poder juntar el monto solicitado. El solicitante recibe el préstamo comprometiéndose a pagarlo en un determinado plazo y a una tasa de interés bastante competitiva. Los prestamistas reciben su capital con una tasa de interés muy atractiva. Todo se realiza en línea y de una forma rápida y sencilla.

No quisiera crear falsas expectativas prometiendo duplicar tu dinero en un año ni mucho menos. Dependiendo la situación actual y país de residencia, es razonable esperar un retorno del 8 al 12% anual en los préstamos persona a persona por Internet. Quizá un poco más, quizá un poco menos. Recuerda que en toda inversión, los rendimientos pasados no garantizan rendimientos futuros y siempre se corre el riesgo de perder parcial o totalmente el capital invertido.

Si hacemos la comparación con otros tipos de inversiones (acciones, fondos de inversión, FOREX, opciones, Bonos de Gobierno, bienes raíces, etc.), los préstamos persona a persona por Internet son una alternativa bastante atractiva. El riesgo es relativamente bajo en comparación con inversiones en FOREX (Intercambio de Divisas). El capital requerido es mínimo en comparación con inversiones en bienes raíces. Los rendimientos son atractivos en comparación con inversiones en valores gubernamentales o cuentas de ahorro. No existen fluctuaciones tan drásticas como en las inversiones en la bolsa (acciones, fondos de inversión, ETFs, etc.). Fuera de conocimientos básicos de computación e Internet, no se necesita de mayores estudios ni experiencia.

Espero que la información presentada en este libro sea de utilidad para aumentar las ganancias sobre tu capital, generar un ingreso pasivo y diversificar tu patrimonio.

Inscríbete a mi lista de Correos

Entérate de mis próximos eBooks, artículos exclusivos y temas relacionados con oportunidades de ganar dinero en línea. Todos los suscriptores a mi lista de correo reciben mis libros electrónicos (eBooks) gratis durante su primer semana de lanzamiento o durante semanas promocionales.

Para inscribirte ingresa al siguiente enlace:

http://www.ganardineroclick.com/lista

Odio el SPAM y los correos "no deseados" al igual que todos. Sólo recibirás correos ocasionales para informarte de un próximo lanzamiento o temas de interés. Puedes salir de la lista en cualquier momento con un simple clic. Tu correo no será compartido con terceros. Para mayor información revisa el Aviso de Privacidad.

Definiciones relevantes:

Considero conveniente definir algunos términos que utilizaré a lo largo del libro. Las definiciones están enfocadas específicamente a los temas a tratar.

Prestatario o Deudor: Es quien solicita un préstamo y accede a un monto con el requisito de devolverlo bajo ciertas condiciones.

Prestamista o Acreedor: Es quien otorga un préstamo y exige su pago bajo ciertas condiciones.

Tasa de Interés: Es el porcentaje que un inversionista debe recibir o un deudor debe pagar sobre el monto prestado. Usualmente la tasa de interés se indica anualizada, salvo que se especifique un plazo distinto.

Intermediario: Es aquella empresa o persona que actúa como enlace entre los prestatarios y los prestamistas, sin tomar una posición propia y a cambio de alguna cuota o comisión derivada de la intermediación.

Introducción

El préstamo es una actividad económica que existe desde que el hombre vive en sociedad y ha tenido la necesidad de guardar o adquirir bienes. Hay registros de la cultura fenicia (año 2000 a.C.) de préstamo de granos para que el agricultor pudiera continuar o ampliar su siembra. Durante el siglo XVIII a.C. existen registros de préstamos de sacerdotes a comerciantes en Babilonia. Posteriormente, durante los imperios griegos y romanos, los prestamistas ya cambiaban dinero (monedas) y recibían depósitos. La mayoría de las actividades bancarias se llevaban a cabo por particulares, no por instituciones como las conocemos hoy en día.

El primer banco similar a los que conocemos fue fundado en Génova, Italia en 1406. Se cree que el nombre de banquero proviene de la palabra italiana *"bachieri"* que se deriva del banco en que se sentaban para hacer sus transacciones sobre una mesa con un mantel verde. Otra teoría argumenta que la expresión de banco proviene de la palabra germana *"Bank"*, utilizada para referirse al fondo común constituido por contribuciones de varias personas denominado *"monti"* en italiano (o *"monte"* en español). Con el tiempo, *"Bank"* fue italianizado en *Banco*, por lo que a los fondos públicos se les conocían indistintamente como *Monte* o *Banco*.

El concepto de "interés" ya se conocía en esa época, sin embargo no estaba regulado y debía ser negociado con los prestamistas. En su momento, la religión cristiana no veía bien los préstamos con intereses y los consideraban como pecado de la usura. Por lo anterior, miembros judíos se volvieron casi los únicos en dedicarse al negocio del préstamo. Después de un tiempo, la Iglesia se flexibilizó en términos bancarios y comenzaron a permitir intereses en los préstamos para invertir, más no en los préstamos para subsistir.

Era usual que los prestamistas cobraran altos intereses por los créditos, desde un 20 hasta un 200%. Los Montes de Piedad (*Monte di Pietà* en italiano) conocidos también como montepío (en singular), nacieron en Italia como una iniciativa de los franciscanos para combatir la usura. Eran entidades con propósitos de beneficencia, para que los pobres pudieran obtener dinero y así satisfacer sus necesidades básicas a cambio del empeño de sus pertenencias. Atendían las demandas de las clases sociales más necesitadas, mediante préstamos gratuitos sin interés, garantizados por joyas y ropas. Para ello, obtenían los recursos de limosnas, ayudas de la Corona y de celebraciones religiosas para formar un fondo común.

Con el tiempo, los recursos resultaron insuficientes y se hizo indispensable cobrar intereses. A pesar de las críticas dentro de la iglesia Católica, en 1515 se admite la posibilidad de un interés moderado a cambio de préstamos prendarios. A medida que las circunstancias fueron cambiando, se crearon cajas de ahorro entre las clases más humildes como un instrumento de mejora a través de la remuneración del ahorro.

En el siglo XIX los bancos inician una época de crecimiento y desarrollo, actuando como consejeros, corredores o responsables de grandes operaciones financieras. Los bancos no eran sólo privados o del estado, sino también de sindicatos, cooperativas y colectivas locales y regionales. Hace unas décadas no era común que un banquero saliera de su oficina a buscar negocio, la banca era elitista y cerrada. En la actualidad la intermediación financiera se ha convertido en un negocio muy competitivo, teniendo que responder a las necesidades complejas de inversionistas, empresas y consumidores.

La oferta de todos los bancos es muy similar, ofreciendo

mecanismos para ahorrar y prestar dinero (cuentas corrientes, cuentas de ahorro, inversiones a plazo fijo, tarjetas de crédito, entre otros). El reto consiste en lograr que el público perciba los productos y servicios mejores a los de su competencia, ofreciendo a los clientes una mejor calidad de servicio, menores tasas de interés o mayores rendimientos. Los bancos no sólo actúan como conducto pasivo entre los prestamistas y prestatarios, sino que también asumen ciertos riesgos. Su actividad se dirige a recolectar capitales ociosos para darles una colocación útil, facilitando las operaciones de pago y negociación con valores. Un banco moderno se dedica principalmente a la intermediación del crédito, intermediación de los pagos y la administración de capitales.

Préstamos y sus tipos

Se entiende por préstamo a la actividad en donde una persona o entidad pone a disposición de otra persona o entidad una cantidad de dinero determinada. Las condiciones del préstamo se rigen normalmente mediante un contrato, donde se adquiere la obligación de devolver el dinero bajo términos establecidos (condiciones de pago, el plazo, comisiones, intereses, penalizaciones, etc.).

La cantidad de dinero que se pide prestada se le conoce como *principal* o *capital*. El *interés* es el precio que se paga por disponer de dicho dinero. Se le denomina *plazo* al tiempo disponible para devolver el préstamo con sus respectivos intereses y comisiones. Es común que los préstamos se paguen en varias instancias conocidas como *parcialidades*, ya sean semanales, quincenales, mensuales o en algún otro periodo de tiempo.

Existen diversos tipos de préstamos, entre los más comunes tenemos:

Préstamos prendarios para personas físicas - Comúnmente ofrecidos por las casas de empeño, se utilizan para salir de algún apuro. El préstamo se entrega a cambio de una "prenda" o artículo (joya, aparato electrónico, televisión, etc.) con cierto valor de re-venta como garantía. El monto del préstamo es muy bajo y su pago debe ser realizado en el corto plazo (semanas o meses). Los intereses son muy altos y la "prenda" se pierde en caso de incumplimiento en los pagos. El tiempo para solicitar este tipo de préstamos es de unos minutos u horas.

Préstamos personales - Se utilizan generalmente para pagar eventos puntuales como un viaje, boda o intervención médica.

El monto del préstamo es bajo en comparación con otro tipo de préstamos y su pago debe ser realizado en el corto y mediano plazo (menos de 3 años). Las tasas de interés son más altas que en otros tipos de préstamos, principalmente porque el prestamista no cuenta con garantías para cubrir la deuda en caso de incumplimiento. El prestamista analiza el riesgo de acuerdo al historial crediticio y a la capacidad de pago del solicitante. El tiempo para solicitar este tipo de préstamos suele ser de un par de días o semanas.

Préstamos al consumo - Similares a los préstamos personales, con la diferencia que se utilizan para la adquisición de bienes de consumo tales como un coche, moto, refrigerador y otros. En ocasiones, el bien se queda como garantía en caso de impago por parte del deudor. El monto del préstamo también es relativamente bajo en comparación con otros tipos de préstamo y su pago debe ser realizado en el corto y mediano plazo. Las tasas de interés son altas, pero menores que en préstamos personales si se deja alguna garantía (el coche, por ejemplo). El prestamista analiza el riesgo de acuerdo al historial crediticio, capacidad de pago y bien de consumo que se queda como garantía. El tiempo para solicitar este tipo de préstamos suele ser de un par de días o semanas.

Préstamos hipotecarios - Se utilizan para la adquisición de un inmueble, mismo que queda como garantía en caso de no devolver el préstamo. El monto del préstamo es elevado en contraste con los préstamos mencionados anteriormente. El pago de la deuda debe ser cubierto en el mediado y largo plazo (más de 5 años). Los intereses son bajos al dejar el inmueble como garantía. El prestamista analiza el riesgo de acuerdo al historial crediticio, capacidad de pago y el valor del inmueble a adquirir. El tiempo para solicitar este tipo de préstamos es de un par de semanas a meses.

Otros - Existen tipos de préstamos adicionales, principalmente a personas morales (empresas, negocios, instituciones) que no veremos a más detalle al no tener relevancia con el tema del libro.

Préstamos Persona a Persona

En el capítulo anterior se presentaron las características principales de distintos tipos de préstamos. Cuando escuchamos la palabra préstamo, solemos inferir que el prestamista es un banco o una entidad financiera. Cuando el monto es muy pequeño, suponemos que el préstamo lo realiza algún familiar o amigo. Sin embargo, en la actualidad existe un nuevo esquema en donde los préstamos son realizados por varias personas, mediante una plataforma en línea operada por un intermediario.

Los préstamos Persona a Persona son un modelo de financiamiento alternativo al de las instituciones tradicionales (bancos, microfinancieras, etc.). Mediante el uso de la tecnología y del Internet, se busca unir a los prestamistas con los prestatarios. También se les conoce como *Peer to Peer Lending*, *P2P Lending* o *crowdlending* en inglés.

Gracias al Internet es posible que cualquier persona pueda realizar o solicitar préstamos de forma fácil y rápida. Lo que anteriormente sólo hacían los bancos o grandes instituciones financieras, ahora está en las manos de todos. Sin embargo, es necesario contar con un intermediario que administre los préstamos. Los intermediarios suelen ser negocios cuyas ganancias dependen de cuotas y comisiones que se le cobran al prestatario y/o al prestamista.

La primer compañía del mundo en ofrecer préstamos Persona a Persona fue Zopa, cuyo nombre significa Zona de Posibles Acuerdos (*Zone Of Possible Agreement* en inglés). Fundada en Inglaterra y abierta al público en el 2005, se cree que ha gestionado préstamos por más de £1,000,000,000. Buscando obtener mejores tasas de interés, los prestatarios son presentados con prestamistas que buscan un mejor rendimiento.

<u>Lending Club</u> es la compañía de préstamos Persona a Persona más grande del mundo. Ubicada en la ciudad de San Francisco en California, Estados Unidos, dice haber gestionado más de $15,980,000,000 de dólares en préstamos al 31 de diciembre del 2015. Inició sus operaciones en el 2007 como una de las primeras aplicaciones en Facebook, para posteriormente convertirse en una compañía de préstamos Persona a Persona de gran escala.

Así como <u>Zopa</u> y <u>Lending Club</u>, existen muchas otras compañías de préstamos Persona a Persona alrededor del mundo. En capítulos siguientes abordaré más sobre el tema, ya que si no resides en Inglaterra o Estados Unidos difícilmente podrás hacer uso de dichas plataformas. De momento vamos a seguir viendo las características y funcionamiento del sistema.

Funcionamiento de los préstamos Persona a Persona

El proceso para prestar o pedir prestado es relativamente simple. A grandes rasgos el sistema funciona de la siguiente manera:

1. El prestatario crea una solicitud de préstamo por un monto definido y presenta la documentación relevante para demostrar su capacidad de pago.

2. El intermediario evalúa la solicitud para rechazar, modificar o aprobar el préstamo; asignando una tasa de interés de acuerdo al riesgo.

3. Los préstamos aprobados se publican en una página en línea para ser consultada por los prestamistas.

4. Cada prestamista revisa las solicitudes de préstamo disponibles y puede decidir en cuáles desea participar y con cuánto dinero.

5. Varios prestamistas pueden fondear un mismo préstamo. Cuando el préstamo se ha fondeado en su totalidad, o cierto porcentaje en un tiempo determinado, se elabora un contrato para que el prestatario pueda recibir el dinero.

6. El prestatario, ahora deudor, se compromete a realizar un determinado número de pagos por un tiempo definido. Los montos incluyen pago de intereses y de capital.

7. El prestamista recibe pagos en parcialidades para recuperar el capital invertido con sus respectivos intereses.

Ventajas de los Préstamos Persona a Persona

Prestar por Internet tiene muchas ventajas en comparación con otros tipos de inversión. Cuando abres una cuenta de ahorros, estás prestando tu dinero al banco para que ellos a su vez lo presten a otras personas o negocios. Desafortunadamente los rendimientos son muy bajos (del orden del 0.5% al 2%), muchas veces inferiores a la inflación. En otras palabras, ¡estás perdiendo dinero! Existen otras inversiones con rendimientos ligeramente superiores como bonos de gobierno o inversiones a plazo fijo, pero los intereses normalmente andan por debajo o similares a la inflación (entre el 2% y 4%). En estos casos a penas estarías conservando el valor de tu dinero en el tiempo.

Otros tipos de inversiones más riesgosas, pero que suponen mayores rendimientos, son los fondos de inversión y acciones de empresas que cotizan en la bolsa de valores. Los rendimientos suelen andar en el rango del 6% al 10%, pero dependen de la volatilidad del mercado y hay años en los que pueden representar pérdidas. Si bien hay años muy buenos, también hay años muy malos. Uno de los índices más importantes de Estados Unidos, el S&P 500, ha tenido un rendimiento de -2.66% en los últimos 12 meses (dato obtenido al 25 de marzo 2016). Aunque a largo plazo se "espera" o "supone" que la bolsa de valores siempre irá en aumento.

Regresando al tema de los préstamos Persona a Persona por Internet, a continuación te presento algunas de las ventajas:

Puedes realizarlos desde donde sea - Al ser préstamos en línea, puedes hacerlos desde la comodidad de tu casa, oficina o incluso cuando te encuentres de vacaciones en cualquier parte del mundo. Lo único que necesitas es una conexión a Internet y una computadora o dispositivo móvil (smartphone, tablet, etc.).

Puedes realizarlos el día y a la hora que sea - A diferencia de los bancos, no hay días ni horarios para realizar transacciones. Mientras existan solicitudes de préstamo disponibles, puedes participar cualquier día sin importar si es fin de semana o festivo, en la mañana, tarde o noche. La plataforma opera las 24 horas de todos los días del año (con contadas excepciones por mantenimiento o fallas temporales en el servicio).

Menor volatilidad en comparación con la bolsa y otros instrumentos de inversión - No hay por que preocuparse de los altibajos de la bolsa o tasas de interés variables. Los préstamos y sus tasas de interés se encuentran definidos y no fluctúan con el tiempo. El único riesgo que existe es que algunos de tus deudores no cumplan con sus obligaciones, pero para mitigar el riesgo siempre hay alternativas (como diversificar, guiño-guiño). Mayores detalles en los siguientes capítulos.

Es fácil y rápido - Realizar un préstamo suele tomar unos cuantos minutos y un par de "clics". Básicamente se requiere del tiempo para abrir la página y seleccionar los préstamos que más se adapten a tu criterio.

Representa un ingreso pasivo - Una vez que seleccionas un préstamo, no necesitas hacer prácticamente nada más. El intermediario se encarga de cobrarle a los deudores y pagarle a los prestamistas (capital e intereses). De tu parte sólo se requiere que programes el retiro de tus fondos a una cuenta bancaria o reinvertir en nuevos préstamos. A diferencia de la bolsa de valores, no necesitas andar revisando frecuentemente las noticias ni el valor de tus acciones o fondos de inversión para decidir si es conveniente cambiar tu postura (compra o venta).

No es necesario presionar a los deudores - Olvida tener que rogarle o perseguir a tus deudores para recuperar el dinero que les prestaste. Tampoco es necesario amenazarlos o mandar a romperles las piernas (broma). El intermediario se encarga de enviar recordatorios a tus deudores para que realicen sus pagos a tiempo. En caso de presentarse un pago en mora (retrasado), el intermediario intenta hacer contacto con el deudor por diversos medios (teléfono, celular, mensajes SMS o WhatsApp, correo electrónico, teléfonos de referencias, etc.). En ocasiones, el intermediario se ve en la necesidad de re-negociar la deuda para facilitar su pago (normalmente a un mayor plazo). Cuando el pago se considera incobrable, el intermediario contacta a un tercero para que realice un último intento de cobranza.

Los préstamos son anónimos - El solicitante del préstamo no sabe exactamente quienes le están prestando. Quizá pueda conocer el nombre de usuario o características generales de sus prestamistas, pero nunca los detalles personales (domicilio, teléfono, correo electrónico, etc.). El intermediario es el único que conoce los datos de los prestatarios y prestamistas.

No arruinas relaciones personales, laborales ni familiares - Si vas a prestarle a un familiar, amigo o compañero de trabajo; hay que considerar si tu relación vale más que el dinero en cuestión. En cualquier caso siempre corres el riesgo de perder tu relación, tu dinero o ambas. Además, al prestarle a un conocido normalmente no se le cobra interés; por lo que se considera como un favor más que como una inversión. Yo estoy a favor de apoyar a una persona querida que se encuentre en apuros económicos, pero trato de no prestar más de lo que esté dispuesto a dar por perdido.

Eliges a quien prestarle basado en tus preferencias - En la mayoría de las plataforma de préstamos en línea tienes la opción de evaluar las distintas solicitudes de préstamo disponibles. Puedes participar sólo en los préstamos que más se adapten a tu nivel de riesgo. Algunos factores a considerar son el plazo, el rendimiento y el uso del préstamo (consolidación de deudas, emergencias médicas, expansión de un negocio, adquisición de un auto, etc.).

Ofrecen atractivos rendimientos - En comparación con cuentas de ahorros, inversiones a plazos fijos, bonos de gobierno, fondos de inversión e incluso la bolsa de valores; los préstamos en línea ofrecen tasas de interés muy atractivas a un riesgo moderado. Es importante aclarar que a mayor riesgo mayores rendimientos o viceversa. Es bueno diversificar en distintos tipos de inversiones de acuerdo a tu nivel de riesgo y necesidades a corto, mediano y largo plazo.

Mejores tasas de interés para los prestatarios - El prestamista no es el único beneficiado, sino también el solicitante del préstamo que suele obtener intereses menores a los que ofrecen los bancos. Es común encontrar solicitudes para consolidar deuda gracias a las mejores tasas de interés que ofrecen los préstamos persona a persona.

Desventajas de los Préstamos Persona a Persona

No todo es color de rosa, ni todo lo que brilla es oro. Como en cualquier tipo de inversión, prestar en Internet también tiene sus riesgos y desventajas. Recomiendo tenerlas en consideración al momento de elegir a un intermediario y seleccionar a los prestatarios.

Los préstamos no están asegurados - En la gran mayoría de las plataformas el intermediario no garantiza el pago del préstamo por parte del deudor. Es responsabilidad del intermediario evaluar la capacidad de pago del prestatario y hacer todo lo posible para cobrar el préstamo, pero en ningún momento se hace responsable en caso de mora o incumplimiento. Si algunos de tus deudores no cumplen con sus obligaciones de pago, la pérdida de dicho capital (parcial o total) impacta directamente a tu bolsillo. Muy pocos intermediarios ofrecen asegurar los préstamos o cuentan con un fondo especial para cubrir las pérdidas por incumplimiento. Dos ejemplos son Lending Works y RateSetter, ambos de Inglaterra y quienes presumen que a la fecha ninguno de sus prestamistas ha perdido un centavo. Sin embargo, en sus sitios hacen la aclaración que el capital está en riesgo y que el desempeño pasado no garantiza el éxito futuro.

Tus fondos no están asegurados - Similar al punto anterior, pero hace referencia a todos los fondos que tienes invertidos a través del intermediario. Por ejemplo, si el intermediario se va a quiebra y ya no hay quien se encargue de seguir cobrando los préstamos, pierdas absolutamente todo tu capital invertido. Normalmente en un banco tu dinero está asegurado (hasta cierta cantidad) por el banco central de tu país, para que en caso de que el banco caiga en bancarrota o tenga problemas de solvencia tu puedas recuperar tu capital (en algunos tipos de inversión).

Falta de profesionalismo por parte del intermediario - Antes de seleccionar a un intermediario es muy importante investigar su trayectoria. Algunos intermediarios son muy relajados en sus investigaciones y selección de prestatarios. Un ejemplo es Quakle, intermediario Inglés quien inició operaciones en el 2010 y cuyo único sistema de selección de prestatarios se basaba en un criterio de calificaciones (similar a eBay), sin evaluar siquiera su capacidad de pago o historial crediticio. Tuvo que cerrar sus operaciones con una tasa de pérdidas de casi el 100%.

Baja liquidez - En una cuenta de ahorro normalmente puedes disponer de tu dinero de forma inmediata. En fondos de inversión o acciones que cotizan en la bolsa de valores es común que puedas liquidar tu dinero en un par de días. Sin embargo, al prestar tu dinero en línea se encuentra comprometido durante el tiempo que dure el préstamo. Tienes la ventaja de poder retirar el dinero conforme tus deudores van pagando el préstamo; a diferencia de una inversión a plazo fijo. Algunas plataformas permiten que los prestamistas también soliciten préstamos, resolviendo así el tema de liquidez. Claro, con la desventaja que el préstamo solicitado también implica su respectivo pago de intereses.

Responsabilidades de un Intermediario

El intermediario se encarga de administrar los préstamos.

Entre sus principales funciones están:
- Implementar y mantener una plataforma segura (página web) que sirva para unir a los prestatarios con los prestamistas
- Mercadeo de su página para conseguir nuevos prestamistas y prestatarios, tratando de lograr un equilibrio entre ambos
- Verificar la identidad y datos de los prestatarios (principalmente) y prestamistas
- Revisar el historial en buró de crédito de los prestatarios (no siempre, pero es recomendable)
- Evaluar el riesgo de cada solicitud de préstamo
- Definir tasas de intereses competitivas de acuerdo al riesgo de cada préstamo
- Autorizar, modificar o rechazar las solicitudes de préstamos
- Desarrollo de modelos de crédito, plazos, intereses y cuotas
- Elaboración de contratos
- Ofrecer soporte técnico para los usuarios de la plataforma
- Recibir los pagos de los deudores y enviar los pagos a los prestamistas
- Seguimiento de pagos atrasados y manejo de cartera vencida

El trabajo de un intermediario es muy importante para que los préstamos en línea sean un éxito. Mucho depende del profesionalismo del intermediario para que pueda funcionar el sistema. Más adelante platicaré de cómo seleccionar a un buen intermediario y de las precauciones que hay que tener.

Regulación en México y el Mundo

La mayoría de las firmas de préstamos persona a persona en línea no prestan sus propios fondos y sólo son intermediarios entre quien quiere prestar y quien solicita el préstamo. Las empresas sólo cobran una comisión al prestamista y al prestararío por el servicio ofrecido a través de su plataforma. Por lo anterior, no están reconocidas como una institución financiera como los bancos. Cada país cuenta con instituciones reguladoras, que en el caso de México es la CNBV (Comisión Nacional Bancaria y de Valores).

Las leyes no siempre se adaptan al ritmo que avanza la tecnología. Muchos países en el mundo, incluyendo México, carecen de alguna institución que regule los préstamos persona a persona. Una de las principales plataformas de préstamos en línea P2P en México se encuentra actualmente constituida como una Sociedad Anónima Promotora de Inversión, por lo que no es sujeta al artículo 103 de la Ley de Instituciones de Crédito en cuanto a captación de recursos. Es por eso que en México se creó la Asociación de Plataformas de Fondeo Colectivo (AFICO), que entre sus objetivos está elaborar una propuesta legislativa para la regulación de estas plataformas, además de su legislación y certificación.

Es posible que en un futuro se implemente alguna regulación para evitar abusos o fraudes en las plataformas de préstamos de persona a persona. Por el momento lo más recomendable es investigar la reputación de las plataformas disponibles e invertir con cautela. Trata de contactar a otros usuarios, leer reportes en sitios web o noticias, iniciar con montos pequeños hasta tener confianza. Más recomendaciones en el capítulo de Proceso de Selección de un Intermediario.

Tasas de Interés en Préstamos Persona a Persona

Las tasas de interés dependen de varios factores, entre ellos: Las reglas de la plataforma, el riesgo otorgado a cada préstamo y la situación económica del país en donde opera el sistema. En algunas plataformas las tasas de interés son definidas por los prestamistas, compitiendo con otros prestamistas en ofrecer las mejores tasas y donde el prestatario decide a quienes les acepta el préstamo. En la gran mayoría de las plataformas, las tasas son definidas por el intermediario a partir de un análisis crediticio. A mayor riesgo, mayor será la tasa de interés.

Existen varios sistemas para medir el riesgo de que el préstamo no sea cubierto. Cada intermediario suele utilizar su propio sistema, ponderando a su criterio varios factores para estimar la capacidad de pago del prestatario. Comúnmente se utiliza un sistema de letras y números para indicar el riesgo y su correspondiente tasa de interés. Desde la letra *A* a la *G*, seguida por un número del *1* al *3*. Un préstamo con calificación *A1* es de menor riesgo que un préstamo con calificación *C2*. Por lo tanto, el prestatario con una calificación *A1* pagará una tasa de interés menor que el prestatario con calificación *C2*. El concepto es muy similar a los sistemas de evaluación de créditos corporativos utilizados por Moody's, Fitch y S&P.

Uno de los beneficios de los préstamos Persona a Persona es que los prestatarios obtienen tasas de interés más competitivas a las que obtendrían en un Banco. No es sencillo poner un ejemplo, pues puede variar entre países e intermediarios. Los países desarrollados suelen ofrecer tasas de interés más bajas que los países en desarrollo. En México una de las principales plataformas ofrece tasas desde el 8.9% hasta el 28.9% anual. En Estados Unidos de América se pueden conseguir préstamos desde 5.32%.

La tasa de interés neta va a depender de la cantidad de préstamos otorgados, el porcentaje de capital invertido en cada uno y el cumplimiento por parte de los deudores. Es importante diversificar en varios préstamos a diferentes tasas (riesgos), para que en caso de que alguno falle, el resto de los préstamos compensen cualquier pérdida.

El objetivo es tratar de obtener la mayor utilidad al menor riesgo posible. Una tasa entre el 8 y 12% anual es bastante buena (igual o incluso superior a los rendimientos históricos en la bolsa de valores). Se pueden obtener mayores ganancias si la mayoría de los préstamos en tu cuenta son de alto riesgo (mayores intereses), con el problema de tener mayor probabilidad de incumplimiento, lo cual terminará afectando tu utilidad total.

Cálculo de los Intereses

ADVERTENCIA: Este capítulo contiene un poco de matemáticas básicas. Si eres de los que detestan las matemáticas, prefiero pases al siguiente capítulo a que te aburras y dejes de leer el libro. Sólo te recomiendo consultar el final del capítulo para descargar una hoja de cálculo con las fórmulas. Si deseas continuar, prometo tratar de explicar el cálculo de los intereses de la mejor manera posible.

Es muy común que las tasas de interés sean expresadas de forma anual sin importar el plazo del préstamo, salvo que se indique lo contrario. El proceso para calcular las tasas de interés es un poco complejo, pero eso no significa que sea complicado. Primero considero conveniente explicar los principales tipos de interés con unos ejemplos.

Interés Simple: Es el interés que se aplica al capital inicial durante un periodo de tiempo, sin ser considerado para el cálculo del siguiente periodo.

Supongamos que realizas un préstamo de $10,000 al 12% de interés simple anual a un plazo de 2 años con pago único al final.
Los intereses del primer año son:
$10,000 * 0.12 = $1,200

Los intereses del segundo año son:
$10,000 * 0.12 = $1,200

Por lo tanto, la cantidad que vas a recibir al término de los dos años es:

$10,000 + $1,200 + $1,200 = $12,400

Esto nos da un interés total de:
$12,400 - $10,000 = $2,400

Interés Compuesto: Es el interés que se acumula durante cada periodo y es considera dentro del cálculo de los periodos subsecuentes.

Ahora supongamos que otorgas el mismo préstamo de $10,000 al 12% de interés compuesto anual a un plazo de 2 años con pago único al final.
Los intereses del primer año son:
$10,000 * 0.12 = $1,200

Pero ahora los intereses del segundo año se calculan considerando los intereses acumulados en el primero, dando como resultado:
$11,200*0.12 = $1,344

Por lo tanto, la cantidad que vas a recibir al término de los dos años es:
$10,000 + $1,200 + $1,344 = $12,544

Esto nos da un interés total de:
$12,544 - $10,000 = $2,544

En los ejemplos anteriores es evidente que el interés compuesto resulta más elevado que el simple, sobre todo mientras más periodos existan (mensual VS anual). Este tipo de interés es el que utilizan las tarjetas de crédito y es una de las principales razones por las que a muchas personas se les complica pagarlas.

Es muy raro que en los préstamos persona a persona se realice un pago único al final del plazo. Normalmente se diseña un esquema de varios pagos fijos a realizar durante un determinado periodo. Por ello no podemos utilizar los ejemplos anteriores para el cálculo de los intereses que vamos a recibir. Lamentablemente no es tan fácil decir que si presto $10,000 al 12% durante dos años voy a obtener $2,400 o $2,544 de intereses.

Espero los ejemplos hayan sido útiles como una pequeña introducción, pero a continuación les presento el procedimiento que se suele utilizar para préstamos en parcialidades totalmente amortizados. El cálculo de una parcialidad se obtiene de la fórmula:

$$M = P*(J/(1-(1+J)^{-n}))$$

Donde:
M = Mensualidad o pago parcial
P = Principal o Capital prestado
J = Tasa de Interés Efectiva = Tasa de Interés Anual dividida

entre el número de parcialidades en un año

n = número total de pagos o parcialidades

Aunque la fórmula parece complicada, confío que con el siguiente ejemplo será fácil de entender.

Supongamos entonces que prestas $10,000 al 12% anual por un periodo de dos años con pagos mensuales.

1. ¿Cuánto es la mensualidad que el deudor tendrá que pagar?
2. ¿Cuánto vas a recibir de intereses al final de los 2 años suponiendo que no vas a reinvertir el capital ni los intereses?
3. ¿Cómo se compara el interés obtenido con los intereses simples y compuestos calculados en los ejemplos anteriores?
4. ¿Cuál es la tabla de pago a capital y pago a intereses para cada una de las parcialidades?
5. ¿Cómo se calculan los intereses considerando el pago de impuestos?

Respuesta 1.

Para calcular la parcialidad utilizaremos la fórmula anterior, pero primero hay que identificar los valores que conocemos.

M = Parcialidad que deseo calcular
P = $10,000
J = 0.12/12 = 0.01
n = 24 pagos

$$M = \$10{,}000 * (0.01/(1-(1+0.01)^{-24})) = \$470.73$$

Por lo tanto, el deudor tendrá que pagar aproximadamente $471 pesos durante 24 meses.

Respuesta 2.
El total que el deudor va a pagar al finalizar el plazo es de:
$471 * 24 = $11,304

Como prestamos $10,000, entonces los intereses obtenidos a lo largo de los 24 meses son:
$11,304 - $10,000 = $1,304

Respuesta 3.
A pesar de que en todos los ejemplos la tasa de interés anual es del 12% y el capital invertido es de $10,000, los intereses obtenidos son distintos:
   Interés simple con pago único al final = $2,400
   Interés compuesto con pago único al final = $2,544
   Interés de parcialidades totalmente amortizadas = $1,304

Si comparamos la aplicación de los distintos tipos de interés, notamos que con los préstamos en parcialidades obtenemos a penas un poco más de la mitad respecto a los otros. WTF!!! Sin embargo, no se me "*agüiten*" pues tiene varias ventajas:
   - Flujo de efectivo cada mes o parcialidad
   - No necesitas esperar hasta el final del plazo para recuperar tu capital y obtener los intereses
   - El capital y los intereses obtenidos cada mes puede ser

reinvertido o utilizado para cualquier otra cosa

- En los primeros pagos recibes la mayor parte de los intereses (ganancias)

- Es muy raro que alguien deje de pagar desde un principio. Normalmente logras recuperar aunque sea parte de tu capital.

Es muy fácil calcular la tabla de pagos a capital e intereses una vez obtenido la mensualidad. Haré los ejemplos de los 3 primeros pagos y el resto se explican por sí mismos.

Pago 1
Deuda inicial = $10,000
Pago a Intereses = $10,000 * J = $10,000 * 0.01 = $100
Pago a Capital = Parcialidad - Pago a intereses = $471 - $100 = $371

Pago 2
Deuda mes 2 = Deuda Inicial - Pago a Capital mes anterior = $10,000 - $371 = $9,629
Pago a Intereses = $9,629 * J = $9,629 * 0.01 = $96.3
Pago a Capital = $471 - $96.3 = $374.7

Pago 3
Deuda mes 3 = $9,629 - $374.7 = $9,254.3
Pago a Intereses = $9,254.3 * 0.01 = $92.54
Pago a Capital = $471 - $92.54 = $378.5

Y así hasta llegar al pago de la mensualidad 24. La razón por la que los intereses son menores, es porque cada mes se abona a capital. Cada mes los intereses se calculan sobre el capital pendiente y no sobre el capital original.

Respuesta 4.

A continuación les dejo una tabla con los detalles de los 24 pagos. Existen ligeras diferencias debido al redondeo y decimales utilizados.

#	Capital Pendiente	Parcialidad	Pago a Capital	Interés
1	$10,000.00	$470.73	$370.73	$100.00
2	$9,629.27	$470.73	$374.44	$96.29
3	$9,254.82	$470.73	$378.19	$92.55
4	$8,876.64	$470.73	$381.97	$88.77
5	$8,494.67	$470.73	$385.79	$84.95
6	$8,108.88	$470.73	$389.65	$81.09
7	$7,719.23	$470.73	$393.54	$77.19
8	$7,325.69	$470.73	$397.48	$73.26
9	$6,928.21	$470.73	$401.45	$69.28
10	$6,526.76	$470.73	$405.47	$65.27
11	$6,121.29	$470.73	$409.52	$61.21
12	$5,711.77	$470.73	$413.62	$57.12
13	$5,298.16	$470.73	$417.75	$52.98
14	$4,880.40	$470.73	$421.93	$48.80
15	$4,458.47	$470.73	$426.15	$44.58
16	$4,032.32	$470.73	$430.41	$40.32
17	$3,601.91	$470.73	$434.72	$36.02
18	$3,167.19	$470.73	$439.06	$31.67
19	$2,728.13	$470.73	$443.45	$27.28
20	$2,284.68	$470.73	$447.89	$22.85
21	$1,836.79	$470.73	$452.37	$18.37
22	$1,384.42	$470.73	$456.89	$13.84
23	$927.53	$470.73	$461.46	$9.28
24	$466.07	$470.73	$466.07	$4.66

Si deseas obtener la hoja de cálculo completamente gratis,

te invito a suscribirte a mi lista de correos en la siguiente página:

http://www.ganardineroclick.com/lista

Respuesta 5.

No olviden que el gobierno siempre se debe llevar su respectiva "mochada" derivada de cualquier ganancia. Así es... eso significa que hay que pagar impuestos sobre los intereses obtenidos. Para obtener los nuevos valores, hay que calcular la Tasa de Interés Efectiva considerando el respectivo impuesto. En el caso de México, el IVA (Impuesto al Valor Agregado) corresponde al 16%.

La mayoría de las plataformas consideran los impuestos dentro de sus cálculos, algunas incluso proporcionan el desglose para que sea más sencillo hacer la declaración y pagarlos. Recomiendo consultar a un contador público certificado para mayor información respecto al pago de tus impuestos.

En cuanto al cálculo, vimos que la Tasa de Interés Efectiva (J) se obtiene de la Tasa de Interés Anual dividida entre el número de parcialidades en un año (normalmente 12). Como los impuestos sólo se aplican sobre la utilidad (en este casos los intereses), tenemos que agregar el impuesto en la Tasa de Interés Efectiva. En el ejemplo tenemos:

Interés Anual = 12%
Parcialidades = 12

Tasa de Interés Efectiva = 0.12/12 = 0.01

Impuestos = 16%

Tasa de Interés Efectiva con impuestos = 0.01 * (1+0.16) = 0.0116

Al considerar los impuestos, la tasa de interés efectiva es mayor y por lo tanto también lo serán las parcialidades. Es necesario realizar nuevamente todos los cálculos, mismos que se pueden hacer de forma sencilla con cualquier hoja de cálculo. A continuación les comparto la tabla:

#	Capital Pendiente	Parcialidad	Pago a Capital	Interés	Impuestos
1	$10,000.00	$479.75	$363.75	$100.00	$16.00
2	$9,636.25	$479.75	$367.97	$96.36	$15.42
3	$9,268.28	$479.75	$372.24	$92.68	$14.83
4	$8,896.04	$479.75	$376.56	$88.96	$14.23
5	$8,519.48	$479.75	$380.92	$85.19	$13.63
6	$8,138.56	$479.75	$385.34	$81.39	$13.02
7	$7,753.21	$479.75	$389.81	$77.53	$12.41
8	$7,363.40	$479.75	$394.34	$73.63	$11.78
9	$6,969.06	$479.75	$398.91	$69.69	$11.15
10	$6,570.15	$479.75	$403.54	$65.70	$10.51
11	$6,166.62	$479.75	$408.22	$61.67	$9.87
12	$5,758.40	$479.75	$412.95	$57.58	$9.21
13	$5,345.45	$479.75	$417.74	$53.45	$8.55
14	$4,927.70	$479.75	$422.59	$49.28	$7.88
15	$4,505.11	$479.75	$427.49	$45.05	$7.21
16	$4,077.62	$479.75	$432.45	$40.78	$6.52
17	$3,645.17	$479.75	$437.47	$36.45	$5.83
18	$3,207.70	$479.75	$442.54	$32.08	$5.13
19	$2,765.16	$479.75	$447.68	$27.65	$4.42
20	$2,317.49	$479.75	$452.87	$23.17	$3.71
21	$1,864.62	$479.75	$458.12	$18.65	$2.98
22	$1,406.50	$479.75	$463.44	$14.06	$2.25
23	$943.06	$479.75	$468.81	$9.43	$1.51
24	$474.25	$479.75	$474.25	$4.74	$0.76

Si el intermediario P2P no considera los impuestos dentro

de sus cálculos, tendrás de tomarlos en cuenta y calcularlos a partir de todos los intereses recibidos. Cualquier contador público certificado podrá apoyarte en caso necesario.

Para descargar la hoja de cálculo completamente gratis, visita el siguiente enlace:

http://www.ganardineroclick.com/lista

Pago de Impuestos

Hay dos cosas inevitables en la vida: la muerte y pagar impuestos. Eso dice un refrán muy famoso, triste pero cierto. A nadie nos gusta tener que pagar impuestos, así sean indispensables para el correcto funcionamiento de la sociedad. El pago de impuestos aplica también sobre toda utilidad o interés obtenido de los préstamos persona a persona que realices. Los impuestos son un tema un tanto complejo y engorroso, a veces incomprensible para quienes no tienen estudios técnicos al respecto. Para complicar aún más la cosa, las leyes suelen ser muy distintas entre países o incluso entre estados y distritos.

Por su complejidad, el tema de los impuestos es algo que no trataré a detalle en el libro, pero recomiendo considerarlo y consultarlo con un contador público certificado. Al final del capítulo anterior, Cálculo de los Intereses, presenté un ejemplo de un préstamo con los intereses incluidos dentro del mismo. Algunas plataformas de préstamos P2P consideran los impuestos dentro de sus cálculos para poder hacer más sencillo el proceso. En el caso de México, se considera el 16% de IVA (Impuesto sobre el Valor Agregado) sobre los intereses obtenidos. Debido a que las plataformas de préstamos en línea actúan como intermediarios, ellos no están obligados a retener dichos impuestos. El importe será acreditado a tu cuenta y es tu responsabilidad realizar el pago de los impuestos correspondientes de acuerdo a las leyes aplicables.

En las tres plataformas que he utilizado vienen los impuestos desglosados. A continuación unos ejemplos de cada una:

Concepto	Monto
Pago acreditado	$25.66
Aportación a capital	$17.55
Aportación a interés ordinario	$7.49
IVA a interés ordinario	$1.20
Interés moratorio	$0.00
IVA a interés moratorio	$0.00
(-) Comisión de Doopla	$0.50
(-) IVA comisión	$0.08
Total:	$25.66

Desglose de préstamo individual en Doopla.mx

TOTAL	Pendiente	Pagado
Pagos	184	26
Aportación a capital	$4,818.96	$681.04
Aportación a interés ordinario	$705.04	$188.39
IVA a interés ordinario	$112.81	$30.14
Interés moratorio	$0.00	$0.00
IVA a interés moratorio	$0.00	$0.00
(-) Comisión de Doopla	$110.23	$17.39
(-) IVA comisión	$17.64	$2.78
Total	$5,508.93	$879.40

Desglose total proyectado y realizado en Doopla.mx

	En el mes en curso	En el año en curso	Histórico Acumulado
Intereses cobrados	$4.12	$4.12	$4.12
IVA de intereses cobrados	$0.66	$0.66	$0.66
Recuperación de cartera vencida	$0.00	$0.00	$0.00
Comisiones pagados a yotepresto.com	- $0.30	- $0.30	- $0.30
IVA de comisiones	- $0.05	- $0.05	- $0.05
Pérdidas por cartera vencida	- $0.00	- $0.00	- $0.00
RESULTADOS NETOS TOTALES	$4.43	$4.43	$4.43

Desglose por mes, año e histórico en YoTePresto.com

| aaaa/mm/dd | aaaa/mm/dd | **Filtrar Datos** |

Desempeño

Intereses Recibidos sin IVA	$11,987.64
Recuperaciones/Otros	$9.20
Comisiones	$620.03
Vencido	$3,766.28
	Neto $7,610.53

Impuestos

IVA Recibido de Intereses	$1,918.02
IVA Pagado de Comisiones	$85.52
	Neto $1,832.65

Desglose por periodo configurable en Prestadero.com

Resumen de Pagos

Intereses Ordinarios	$38.21
Intereses Moratorios	$0.03
IVA de Intereses	$6.12
Capital	$156.30
Total	**$200.66**
Pagos Completos Recibidos	16
No. de Pagos Pendientes	8

Siguiente Pago

Fecha Límite	2016-09-01
Fecha Último Pago	2016-08-04
Intereses Moratorios	$0.00
Intereses Ordinarios	$1.24
Capital	$11.10
IVA	$0.20
Pagos Anticipados	$0.02
Total	$12.52

Desglose de préstamo individual en Prestadero.com

En los ejemplos anteriores vemos que cada plataforma, por lo menos en México, toma en consideración el cálculo y pago de impuestos. Creo importante distinguir los impuestos sobre intereses (ordinarios y moratorios) de los impuestos sobre las comisiones. Las firmas de préstamos Peer to Peer cobran una comisión, la cual es su utilidad y deben pagar impuestos sobre la misma. Esta comisión, con sus respectivos impuestos, es descontada de tu cuenta y el intermediario se hará cargo del pago. Pero el IVA (impuestos) que recibes de los intereses son responsabilidad de cada quien.

Nuevamente insisto en revisar con un contador público certificado el tema del pago de impuestos. Mucho dependerá de tu país, ciudad, razón social y otros factores para definir el procedimiento del pago de impuestos. Es muy útil que las plataformas ofrezcan una guía para el cálculo, pero no sustituyen a la asesoría que puede brindarte un profesional.

Usos de los préstamos

Los préstamos suelen ser personales o de consumo. Esto significa que el dinero principalmente está enfocado a compras menores, gastos imprevistos o pequeñas inversiones. Muchas personas utilizan este tipo de préstamos para consolidar sus deudas o refinanciarlas a una tasa de interés más competitiva. Otras personas los usan para remodelaciones en su vivienda, bodas, pago de estudios, gastos médicos, inversión en pequeños negocios, entre otros.

A continuación una breve descripción de las solicitudes de préstamo más comunes.

Consolidación de deudas: Una gran parte de los préstamos son solicitados por personas que ya tienen una o varias deudas, pero están en la mejor intención de saldarlas. Algunas de las deudas fueron adquiridas por el uso indiscriminado de tarjetas de crédito con tasas muy elevadas (arriba del 40%), otras son préstamos solicitados de urgencia para la atención de algún imprevisto.

Los solicitantes normalmente buscan refinanciar su deuda a una tasa menor, juntar todas sus deudas en una sola y/o saldar sus adeudos actuales con un nuevo préstamo a un plazo mayor. Son personas que tienen la mejor intención de cumplir con sus compromisos (deudas actuales), pero buscan mejorar los términos y condiciones.

De acuerdo a las estadísticas publicadas el 15 de Agosto 2016 por Prestadero, el 63.5% del monto otorgado en su plataforma ha sido para consolidar deuda.

Negocios: En segundo lugar están los préstamos solicitados para negocios, representando aproximadamente el 15.6% de acuerdo a las cifras de Prestadero. Algunos son para iniciar un negocio, otros para contar con flujo de efectivo o capital de inversión. Muchas veces los solicitantes no tienen acceso a créditos bancarios o las tasas que consiguen son muy elevadas. Por ese motivo acuden a los préstamos en línea para poder apalancar y crecer su negocio a tasas atractivas.

Hogar: Algunos préstamos son utilizados para acondicionamiento del hogar, ubicándose en el tercer lugar con un 8.2% del monto total solicitado. Los prestatarios solicitan el préstamo para amueblar, remodelar, acondicionar o ampliar un espacio en su vivienda. También los solicitan para realizar alguna reparación mayor o mantenimiento imprevisto.

En menor medida se encuentran las solicitudes de préstamos para la compra de automóvil, educación, vacaciones y varios. Es probable que este tipo de préstamos sean más accesibles o atractivos mediante instituciones tradicionales.

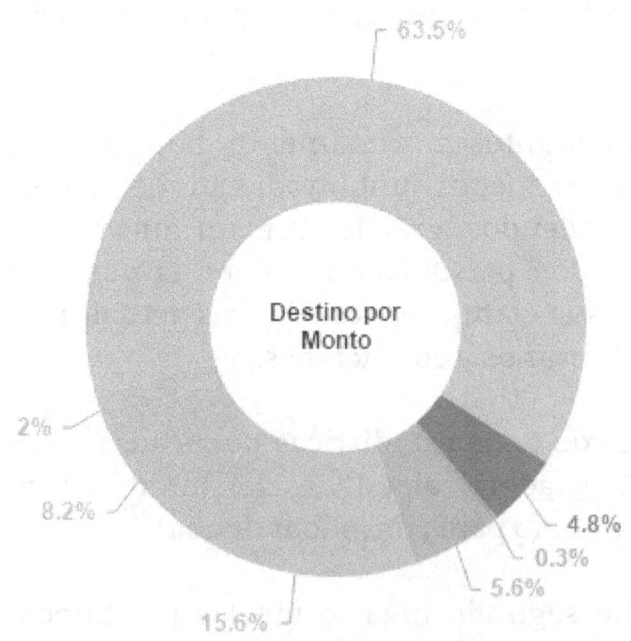

Consolidar deuda 63.5%, Negocios 15.6%, Hogar 8.2%, Otro 5.6%, Automóvil 4.8%,

Educación 2%, Vacaciones 0.3%

Estrategia

En la siguiente sección explicaré sobre el procedimiento, cosas a considerar y tener cuidado al prestar en línea. Desde como seleccionar un sitio web funcional y confiable, hasta como elegir las mejores solicitudes de préstamo. Es muy importante contar con una estrategia y objetivos bien definidos desde un principio.

Proceso de Selección de un Intermediario o plataforma

La selección de un intermediario o plataforma para préstamos P2P es quizá la parte más importante del proceso. Del intermediario depende conseguir y evaluar a los prestatarios, calificar su riesgo, gestionar la cobranza y el pago de tu dinero, entre otras cosas. No lo selecciones a la ligera, pues tu éxito dependerá en gran parte de esta elección.

Investigación:

1- Busca en Google, Yahoo, Bing o en el buscador de tu preferencia los siguientes términos (reemplazando la palabra País por tu país de residencia):
- Préstamos P2P *País*
- P2P Lending *País*
- Préstamos persona a persona *País*
- Peer to Peer lending *País*
- Préstamos en línea *País*

Visita los principales resultados, incluyendo los anuncios pagados ;) y toma nota de los distintos sitios. En el caso de México, a continuación los sitios más relevantes:
https://www.prestadero.com
https://www.doopla.com.mx
https://www.yotepresto.com

2- Ingresa a cada sitio y revisa toda la información presentada en la primera página para evaluar lo siguiente
- Diseño profesional
- Información clara y concisa (para prestararios y prestamistas)
- Datos de contacto y atención a clientes (chat, e-mail y/o teléfono)

3- Revisa a detalle la sección dedicada a prestamistas, prestatarios y la sección de preguntas frecuentes (FAQ) para conseguir los siguientes datos:
- Comisión
- Tasas de interés
- Análisis de historial crediticio y capacidad de pago
- Cobranza de cartera vencida
- Antigüedad o historial de la compañía
- Cualquier otra información que pueda ser relevante

La siguiente tabla muestra la información que obtuve de los tres principales sitios de préstamos P2P en México (montos expresados en pesos mexicanos).

Comparativo Prestadero, Doopla y Yotepresto a Julio 2016

	Prestadero	Doopla	YoTePresto
Cantidad de solicitudes [1]	Alta	Baja	Media
Monto mínimo por inversión [2]	$250	$500	$200
Montos por préstamo [2]	$10mil a $250mil	$5mil a $300mil	$10mil a $300mil
Plazos [2]	12, 24 y 36 meses	3 a 24 meses	6, 12, 18, 24, 30 y 36 meses
Dinero prestado a la fecha [2]	100 millones	8 millones	10 millones
Tasas de interés ofrecidas [2]	8.9 al 28.9%	12 a 35%	5.9 a 25.9%
Monto mínimo de inversión recomendado para diversificar [2]	$12,500	$25,000	$10,000
Análisis historial crediticio, ingresos, capacidad de pago, referencias personales, etc. [2]	Sí	Sí	Sí
Comisión [2]	1% de cada pago, 10% en caso de	2%	1% de cada pago, 10% en caso de
Cobranza externa cartera de vencida [2]	Sí	Sí	Sí
Facilidad de uso [1]	Excelente	Buena	Excelente
Interfaz gráfica [1]	Buena	Excelente	Excelente
Atención a cliente [1]	Excelente	Excelente	Excelente
Correo electrónico [2]	Sí	Sí	Sí
Teléfono 01 800 [2]	Sí	Sí	Sí
Chat en línea [2]	No	No	Sí
Antigüedad [2]	Julio 2012	Marzo 2014	Junio 2015

[1] Apreciación personal
[2] Datos obtenidos de sus respectivos sitios en Internet

4- Realizar una búsqueda en Internet para conocer los comentarios negativos de los sitios. Siempre van a existir comentarios negativos sin fundamento, pero cuando hay una cantidad abrumadora de quejas puede ser un indicador que el sitio no es de confiar.
- *Nombre del Sitio* fraude
- *Nombre del Sitio* problema
- *Nombre del Sitio* estafa

5- Realiza tu registro para obtener una cuenta como prestamista
- El registro debe ser gratuito
- No olvides leer tu contrato, los términos y condiciones

- Utiliza una contraseña segura y evita que sea la misma que usas en otros portales

6- Ingresa a tu cuenta de usuario y navega por la plataforma
- Ingresa a todas las secciones
- Aprende a utilizar las funciones, datos y estadísticas
- Revisa y evalúa solicitudes de préstamos
- Contacta a soporte técnico en caso de alguna duda (sirve también para evaluar la atención a clientes y calidad en el servicio)

Depósito de Fondos a tu Cuenta

Una vez que hayas seleccionado al sitio y te hayas familiarizado con el uso de la plataforma es necesario que abones dinero para poder comenzar a prestar. La forma más rápida y sencilla es mediante una transferencia electrónica. En algunos casos es posible realizar un depósito bancario, pero cada sitio tiene distintas políticas. Es muy importante investigar el procedimiento para transferir fondos y seguirlo al pie de la letra para evitar problemas. Para la gran mayoría de los sitios de préstamos P2P es indispensable registrar una cuenta bancaria a tu nombre, misma que será utilizada cuando quieras retirar dinero.

El procedimiento para transferir fondos es relativamente fácil. En tu portal bancario hay que dar de alta la cuenta que te proporcione el sitio P2P y programar la transferencia del dinero que tengas disponible para prestar. Es posible que sea necesario escribir algún "concepto" y/o "referencia" para que tu pago pueda ser identificado y acreditado. En algunos casos también te pedirán que les envíes por correo el comprobante de la transferencia u operación. Algunos sitios tienen el proceso automatizado y te proporcionan un número de cuenta bancaria único y personal, en donde tus depósitos se verán reflejados casi de inmediato. Otros sitios tienen una cuenta concertadora de uso general, por lo que el proceso de validación puede tomar un par de días hábiles en que tu transferencia se vea reflejada.

Si tienes algún problema, no dudes en contactar al área de soporte o servicio a cliente. Mi experiencia ha sido muy buena y siempre me han apoyado en resolver cualquier inquietud a la brevedad. A la fecha no he tenido mayores contratiempos, salvo en una ocasión que mí pago tardó en abonarse más tiempo que en veces anteriores. Sin embargo me atendieron rápidamente, me explicaron que estaban teniendo un retraso en los servidores y en cuestión de un par de horas quedó resuelto.

El Secreto está en la Diversificación

Al prestar dinero, en Internet o en persona, siempre se corre el riesgo de que tu deudor no te page. Para disminuir el riesgo existen varias opciones, pero la más recomendable es diluir las pérdidas. A nadie nos gusta perder, pero si vemos los préstamos P2P como las apuestas (donde a veces se gana y a veces se pierde) será más fácil aceptar las pérdidas. Lo importante es que las veces que se gane superen por mucho a las veces que se pierde.

La mayoría de los portales de préstamos persona a persona recomiendan otorgar préstamos a - por lo menos - 25 personas. De preferencia se sugiere otorgar 50 o más préstamos. En la medida posible yo busco prestar a 100 personas como mínimo. De esta manera, las pérdidas ocasionadas por los deudores que no pagan son cubiertas por las ganancias de los que sí.

En el año y medio que llevo prestando en línea el porcentaje de saldo vencido (monto que tiene más de 90 días de mora) es de un 3.2%. El porcentaje de morosos (retraso en sus pagos menor a 90 días) es del 2.8%.

A continuación una imagen de mi cuenta a un año y medio de haber empezado a prestar.

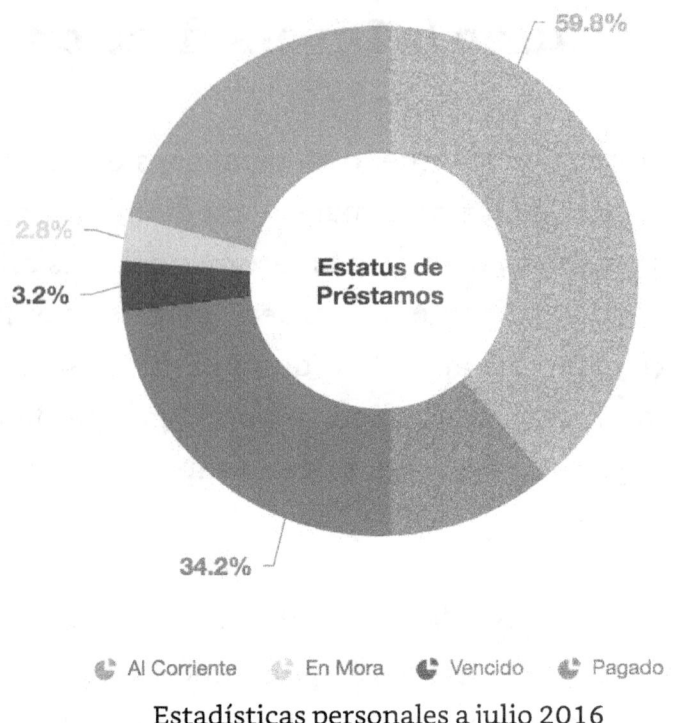

Estadísticas personales a julio 2016

De acuerdo a las estadísticas proporcionadas por Prestadero.com, más de un 7% cae en mora o incumplimiento y menos del 0.25% logra ser recuperado por las agencias externas de cobranza. Es un dato lamentable, pero que hay que tomar en cuenta al momento de prestar en línea. A continuación la gráfica con los detalles.

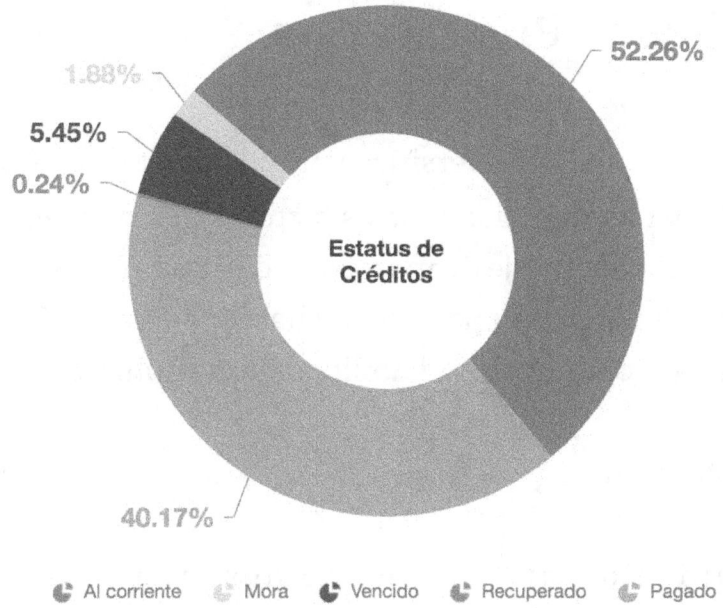

Estadísticas globales de préstamos en la plataforma Prestadero.com a julio 2016

De acuerdo con la información recabada, aproximadamente 7 de cada 100 personas no van a cumplir con sus pagos en tiempo y/o en forma. Si pudiera saber quiénes son esas 7 personas, evidentemente que no les prestaría ni un centavo. Pero como no soy adivino, por eso es importante otorgar un gran número de préstamos para distribuir el riesgo.

Vamos a suponer que sólo le presto a 5 personas y a cada una la misma cantidad. Si corro con suerte o poderes de clarividencia, esas 5 personas se encuentran dentro del grupo de los cumplidos y el 100% pagan su deuda. Pero si tengo tantita mala suerte o mis predicciones Nostradamus fallan, quizá uno de ellos no pague. Eso representaría una pérdida de hasta un 20% de mi capital invertido, misma que pudiera no ser cubierta por las ganancias obtenidas de los otros cuatro.

Selección de Prestatarios

Además de la diversificación al prestar a un gran número de personas, existen otros factores que pueden ayudar a disminuir el porcentaje de morosos o defraudadores. Para ello se requiere un poco de experiencia y habilidad para seleccionar a las personas con mayor probabilidad de cumplimiento.

Tasas de Interés

En capítulos anteriores, vimos que una de las responsabilidades del intermediario es calificar a los solicitantes de préstamos de acuerdo a su riesgo de incumplimiento. A cada prestatario se le asigna una tasa de interés; mayor para los de alto riesgo y menor para los de bajo riesgo.

Si seleccionáramos únicamente a los préstamos que tienen una mayor tasa de interés, es posible que el porcentaje de préstamos defraudados también aumente. Los altos intereses obtenidos servirán en parte para cubrir las pérdidas del alto porcentaje de préstamos en mora o vencidos. Por el contrario, si sólo escogiéramos préstamos con una baja tasa de interés, es probable que el porcentaje de incumplimiento disminuya. Las pérdidas serían menos, pero también los intereses obtenidos.

En lo personal me gusta seleccionar préstamos en distintas tasas de interés, desde las más bajas hasta las más altas, aunque en su mayoría elijo tasas intermedias. Por el momento no cuento con datos suficientes para poder obtener estadísticas confiables y así determinar una estrategia específica. Por ello, también tomo en cuenta otros factores que veremos en un momento.

Les comparto una gráfica de mi distribución de tasas en el tiempo (2015 y hasta julio del 2016) de acuerdo al monto prestado. A y B son los préstamos con las tasas más bajas. C, D y E representan los préstamos con tasas intermedias. F y G son los préstamos con las tasas más altas.

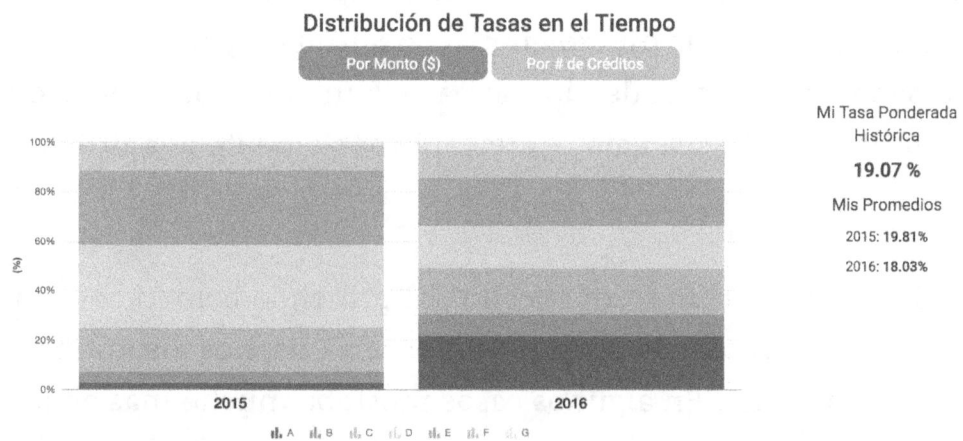

A pesar de que la gráfica muestra los préstamos de acuerdo al monto prestado, los datos por número de créditos son muy similares. Casi todos los préstamos que realizo son por el mismo monto sin importar a quien le preste.

Monto a prestar

Cada plataforma tiene reglas similares, pero con algunas ligeras diferencias. Casi siempre existe un monto mínimo que puedes asignar a cada préstamo y por conveniencia se manejan múltiplos de dicho monto o incrementos fijos. Vamos a suponer que en una plataforma el monto mínimo es de $250 pesos mexicanos (aprox. 14 dólares americanos). Eso significa que puedes asignar $250 o $500 o $750 o $1000, etc… a un préstamo en particular.

En todos los sitios recomiendan prestar cantidades iguales o similares como parte de la estrategia de diversificación. De esta forma, si alguno de tus deudores no paga no te verás afectado en mayor o menor medida. Suponiendo que decides prestar mucho más dinero en una solicitud en particular (por la razón que sea) y el deudor no paga, aunque tu porcentaje de incumplimiento sea bajo te afectará fuertemente a la utilidad total.

Por querer verme "sofisticado", al principio cometí el error de prestar cantidades distintas en base a criterios aleatorios y sin fundamento. En algunos casos prestaba mucho más en las solicitudes a menor plazo, con altas tasas de interés o simplemente porque "me daban buena espina". A pocos meses de haber comenzado a prestar en línea, tuve la mala experiencia de que mi mayor deudor dejó de pagar. Ese préstamo era 4 veces superior al monto que normalmente otorgaba. Eso es equivalente a que otros 4 préstamos "promedio" hubieran incumplido.

Mi primera mala experiencia fue un tanto desalentadora, pero en lugar de rendirme decidí aprender de ella. Desde entonces asigno la misma cantidad en todos mis préstamos y mi porcentaje de diversificación ha ido en aumento junto con mis ganancias. Además es mucho más rápido y sencillo no tener que decidir el monto a prestar para cada solicitud. Me gusta seguir el concepto KISS (Keep It Simple, Stupid); cuyo principio es que cualquier sistema funciona mejor mientras se prefiera la simplicidad sobre cualquier complejidad innecesaria.

Algunas plataformas ofrecen un cálculo global sobre la diversificación en los préstamos otorgados. Mientras mayor sea el número, mejor. Para el cálculo se considera el monto total prestado, número de préstamos otorgados y el monto máximo prestado. No necesariamente tiene que ser del 100%, ya que en un inicio puedes empezar a ofrecer préstamos pequeños y poco a poco ir aumentando el monto que prestas en promedio. Yo inicié con un 54% de diversificación, prestando desde $250 hasta $1,000 pesos mexicanos por solicitud (entre $14 y $55 dólares). Finalmente decidí prestar por igual $500 pesos a cada uno de los préstamos en los que participaba. Al día de hoy estoy en un sano 74% y espero pronto aumentar el número a 80%.

Plazo

Cada intermediario cuenta con sus particularidades, pero por lo general los plazos son de 6 meses hasta 3 años. Si bien el cumplimiento no necesariamente tiene que ver con el plazo, es otro factor a considerar. Mientras mayor sea el plazo, menor será la cantidad mensual que el deudor estará comprometido a pagar.

En lo personal tengo amplia preferencia por los préstamos al menor plazo posible. Mis razones son varias y menciono algunas a continuación.

- Menor incertidumbre o susceptibilidad a factores externos como desempleo, inestabilidad política, economía local y mundial, devaluación, etc.
- Mayor flujo de efectivo al recuperar tu capital en el menor tiempo posible y así poder reinvertirlo o utilizarlo en otra cosa.
- Mejor compromiso del deudor, siendo menos propenso a perder el interés de pagar o adquirir otros gastos o deudas que le dificulten el pago.
- Posibilidad por parte del deudor para negociar con el intermediario el aumento del plazo en caso de presentar alguna complicación con los pagos.

Lo anterior no quiere decir que selecciono únicamente los préstamos a corto plazo. La gran mayoría de los solicitantes eligen el mayor plazo posible. Hay quienes la diferencia entre sus ingresos y egresos no les permite comprometerse a un menor plazo. Pero si tuviera que elegir entre dos préstamos similares, siempre prefiero el de menor plazo.

En la siguiente gráfica viene la distribución del número mis préstamos de acuerdo a los plazos.

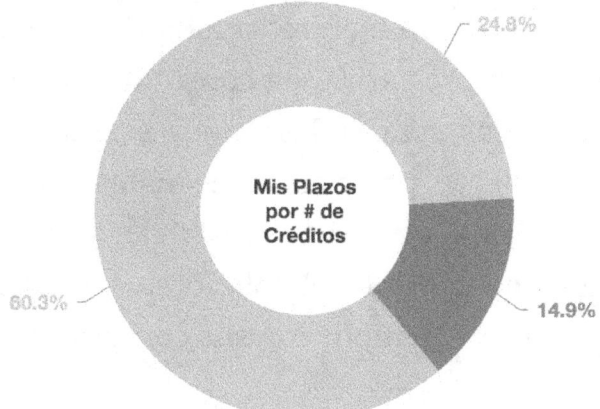

Sólo el 15% es el número de préstamos otorgados a 12 meses, el 25% corresponde a préstamos a 24 meses y el 60% es de préstamos ofrecidos a 36 meses. Yo sé que parece contradictorio con mis preferencias, pero la razón por la que tengo más préstamos a un mayor plazo es porque a veces no hay suficientes solicitudes de préstamos a corto plazo.

Monto Aprobado

El monto que el prestatario solicita está sujeto a aprobación por parte del intermediario, dependiendo el plazo y capacidad de pago. Cada plataforma tiene montos mínimos y máximos que puede ofrecer en préstamo. Rara vez considero el monto total del préstamo como criterio, a menos que alguien pregunte y el solicitante diga que no le quisieron autorizar todo lo que solicitó o necesita.

Destino y Descripción

Cada solicitante debe indicar para qué va a usar el dinero. Trato de analizar que la descripción no sea muy ambigua y de preferencia se encuentre bien redactada. Hay gente que no le gusta participar en préstamos de consolidación de deudas (la gran mayoría de las solicitudes), pues son personas que ya tienen una deuda y posiblemente malos hábitos en sus finanzas personales. A otras personas no les gusta prestar para negocios, pues en ocasiones el solicitante depende de que el negocio prospere para cumplir con sus compromisos de pago.

Creo que cualquier préstamo tiene su riesgo y a veces es conveniente preguntar más detalles al respecto. Si descartamos los préstamos para negocios y consolidación de deuda, estaríamos eliminando 3/4 partes de las solicitudes. Si el prestatario tiene una justificación lógica o un plan de pago en caso de que el negocio no funcione, puede ser un buen candidato. Muchas personas son responsables y cumplidas con el pago de sus deudas, pero están buscando consolidarlas en una sola, con menores intereses, a un plazo distinto y/o parcialidades fijas.

Ingresos, Egresos, Calificación Crediticia y Pago Mensual

En la mayoría de los portales de préstamos Peer to Peer presentan los ingresos, egresos y el monto mensual a pagar por la deuda. Es mejor mientras mayor sea la diferencia entre los ingresos y los egresos considerando el respectivo pago mensual. En algunos casos también se muestra una calificación crediticia obtenida de alguna institución oficial (buró de crédito, entre otras). Además de la calificación, en ocasiones se muestra el número de créditos abiertos, antigüedad entre otros datos. Una persona con baja calificación representa un riesgo mayor, pues significa que tiene varios créditos abiertos y/o ha tenido problemas con sus deudas pasadas.

Actitud general y respuesta a preguntas

La actitud es un poco difícil y subjetiva de evaluar. Busco que respondan a las preguntas de forma rápida y clara, en un tono amable y educado. Si la persona tarda muchos días en responder, es grosera o incongruente en sus respuestas, suele ser causa suficiente para no participar en ese préstamo.

Resumiendo

Personalmente primero ordeno los préstamos en duración, dando preferencia a los de menor plazo. Posteriormente evalúo las tasas de interés para balancear los préstamos de la siguiente manera: De 20 a 30% de tasa baja, de 40 a 60% de tasa intermedia y de 20 a 30% de tasa alta. Finalmente reviso la descripción del préstamo y las respuestas ofrecidas a las preguntas de otros prestamistas. Si todo es de mi agrado procedo con el préstamo.

Me parece que este criterio me ha funcionado bastante bien. A lo mejor puedo ser un poco más estricto para obtener mejores resultados, pero creo el proceso se complicaría demasiado. En ocasiones no hay suficientes opciones como para ponerse muy selectivo. Si tienes mucha diversidad, quizá tampoco vale la pena dedicarle demasiado tiempo a seleccionar cada préstamo. Me han fallado préstamos que en retrospectiva no les encuentro nada malo.

Cantidad a Invertir

Por lo general se recomienda participar en 50 préstamos o más para distribuir el riesgo. Por ejemplo, si el monto mínimo para realizar un préstamo es de $250 pesos mexicanos ($14 dólares aproximadamente), lo más recomendable es contar con por lo menos $12,500 pesos para prestar. Sin embargo, no es necesario contar con dicha cantidad desde un inicio. Cada mes puedes ir abonando dinero para participar poco a poco en un mayor número de préstamos. Lo más importante es que que te sientas cómodo con la cantidad de dinero que vas a invertir. Ese dinero estará comprometido por la duración del préstamo, aunque mes con mes lo irás recuperando con sus respectivos intereses.

En un principio puedes empezar con poco para hacer la prueba. Por ejemplo, el primer mes prestar $2,500 en 10 préstamos de $250 cada uno. El segundo mes invertir otros $2,500 en otros 10 préstamos de $250 cada uno. Quizá para el tercer mes puedas depositar $5,000 además de reinvertir el capital recuperado en 20 préstamos de $250 cada uno. Conforme vayas tomando confianza puedes aumentar la cantidad total a invertir y/o los montos individuales por préstamo. Yo inicié invirtiendo $250 en la mayoría de los préstamos y actualmente estoy invirtiendo $500 en cada uno. Próximamente espero subir el monto a $750, ya que tampoco me gusta tener que participar en demasiados préstamos (más de 200) pues es muy tardado andar evaluando cada uno. Sin embargo, hay personas que llegan a participar con más de

$10,000 por préstamo. Todo dependerá de la cantidad que tengas disponible para invertir y te sientas cómodo en arriesgar.

A continuación una tabla como ejemplo de la participación en un préstamo real dentro de la plataforma Prestadero. Los montos son en pesos mexicanos (1 dólar americano equivale aproximadamente a $18.5 pesos). Puse un recuadro gris sobre parte de nombres o seudónimos para proteger el anonimato de los participantes.

Fecha de solicitud:		Pago mensual:		Cerrar X
	AVOE		$500.00	
	P3		$15,000.00	
	1		$20,000.00	
	RDA		$250.00	
	RMA		$1,000.00	
	TANEDA		$250.00	
	DOVP		$3,000.00	
	YV		$250.00	
	LA TORRE		$500.00	
	LEVA		$1,000.00	
	MAN		$250.00	
	P4		$15,000.00	
	RA1N		$250.00	
	UILERAP		$250.00	
	PAEZ		$500.00	
	RESA		$500.00	
	TZ		$250.00	
	AN		$1,000.00	
	JCO		$250.00	
Ese soy yo ➡	EUGENIOMJ		$500.00	
	ARDO		$500.00	
	RO2000		$250.00	

Rendimiento Neto

El rendimiento neto nos sirve para saber cuánto hemos ganando del dinero que se ha prestado. Es muy complicado darle un seguimiento individual a cada uno de los préstamos, por lo que existen algunas fórmulas para ayudarnos. Algunas plataformas cuentan con un método de cálculo, mientras que en otras habrá que hacerlo por separado. En lo personal me gusta mucho la forma en la que Prestadero.com ofrece un panorama mediante un cálculo conocido como REPA.

REPA es el Rendimiento Prestadero Anualizado que se calcula como una Tasa Interna de Retorno (TIR) tradicional, considerando los siguientes flujos en el tiempo:
(+) Pagos de intereses ordinarios y moratorios
(+) Pagos de capital
(+) Recuperaciones
(+) Capital pendiente
(-) Comisiones
(-) Fondeos

Los pagos vencidos (90 días de mora) son restados al capital pendiente, afectando negativamente a la REPA. El indicador REPA se calcula después del tercer mes de haber realizado el primer préstamo. El REPA está expresado en porcentaje y a mayor valor, mayor rentabilidad. A continuación les comparto mi REPA al 15 de agosto 2016:

REPA ❓

13.04%

$11,902.75

Intereses Recibidos

En otras plataformas no es tan sencillo conocer los rendimientos, sobre todo si existen pagos vencidos que impactan directamente en la utilidad total. No todos los portales cuentan con un cálculo automático del rendimiento neto. Para esos casos, lo más sencillo es llevar un control del dinero que has invertido y el valor actual del mismo. Es un proceso muy simplista, con la gran desventaja de que no se consideran los flujos de dinero en el tiempo. Por lo menos es útil para darte una idea si has ganado o perdido dinero.

Por ejemplo, en uno de los sitios de préstamos P2P yo he depositado $7,500 a la fecha. Mi cuenta tiene un valor de $7,698.35, lo que significa una ganancia de "tan solo" $198.35 o 2.64%.

	Status	Monto
●	Disponible	$879.39
●	En proceso	$2,000.00
●	Activo	$4,818.96
	Total	$7,698.35

Utilidad % = (($7,698.35 - $7,500) / $7,500)*100 = 2.64%

El problema con el ejemplo anterior es que el cálculo no está considerando el flujo de dinero en el tiempo y es por eso que el porcentaje de utilidad parece ser muy bajo. Si les aclaro que hace 3 meses abrí la cuenta con $5,000 y a penas hace unos días deposité otros $2,500; la utilidad de los $198.35 corresponde al 4% sobre el capital inicial de $5,000 y no sobre el total de $7,500. La utilidad también fue obtenida en un corto periodo de tiempo (3 meses) y no de un año completo. Si extrapolamos el 4% trimestral a un interés anual obtenemos un 16% de manera muy simplificada (suponiendo intereses simples, reinversión de capital, etc.). Por lo anterior, les recomiendo usar este cálculo únicamente para darse una idea muy general de cómo va su cuenta.

Algunos sitios presentan una Tasa Promedio Ponderada, misma que no se debe confundir con el Rendimiento Neto. La Tasa Promedio Ponderada contempla la tasa de cada préstamo en tu portafolio con su respectivo peso. Para que el Rendimiento Neto sea igual a la Tasa Promedio Ponderada es necesario se cumplan las siguientes condiciones:

   a) Reinvertir el capital

   b) Tener un 100% de cumplimiento (ninguno de tus préstamos defraude)

Es posible que el Rendimiento Neto llegue a ser superior a la Tasa Promedio Ponderada si además de reinvertir el capital se invierten los intereses obtenidos. En la siguiente imagen les comparto un listado de préstamos que he realizado en una cuenta de apertura reciente en YoTePresto.com. Como cada préstamo es por la misma cantidad, cada tasa tiene el mismo peso o ponderación para el cálculo de la Tasa Promedio

Ponderada. En este caso la Tasa Promedio Ponderada de mi cuenta es de 15.5% (la "Solicitud por Formalizar" aún no se toma en cuenta para el cálculo).

Status	Calif.	Tasa	Plazo	Prestado	Te debe	Pagado
Al Corriente	B5	16.9%	24	$500.00	$500.00	$0.00
Al Corriente	B4	15.9%	12	$500.00	$500.00	$0.00
Al Corriente	B5	16.9%	36	$500.00	$500.00	$0.00
Al Corriente	A5	9.9%	18	$500.00	$474.41	$30.37
Al Corriente	B4	15.9%	24	$500.00	$500.00	$0.00
Al Corriente	C2	20.9%	12	$500.00	$500.00	$0.00
Solicitud Por Formalizar	B5	16.9%	18	$500.00	$0.00	$0.00
Al Corriente	A7	11.9%	6	$500.00	$500.00	$0.00

Según la plataforma, el rendimiento proyectado para mis préstamos es del 19.6% siempre que re-invierta los pagos que voy recibiendo y tomando en consideración la Tasa Promedio Ponderada. Siempre hay que tomar con mucha reserva las proyecciones y/o estimaciones que proporcionan los sitios, pues suelen ser demasiado optimistas y consideran un escenario "perfecto" en donde todos los deudores pagan.

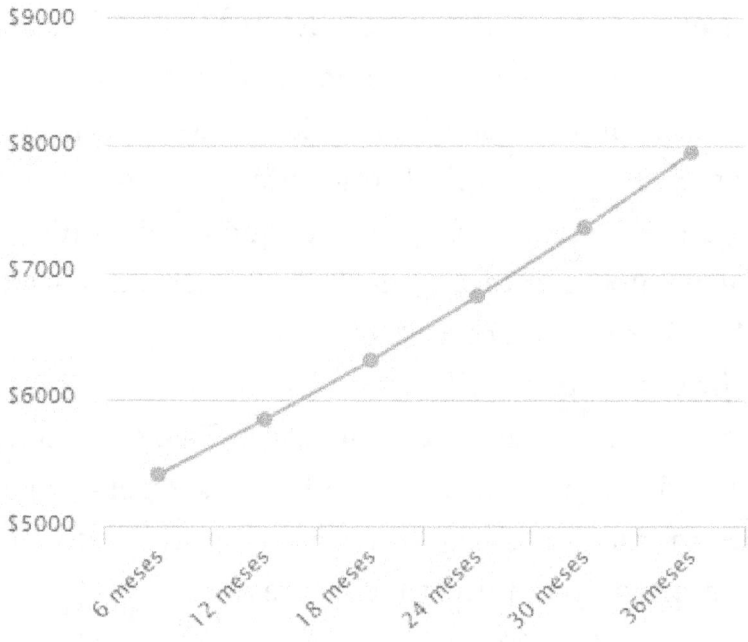

Este es el rendimiento que tendría tu cuenta en un futuro si siempre re-inviertes los pagos que vas recibiendo, por eso es importante que no tengas dinero en tu cuenta sin prestarlo. Está calculada con la Tasa Promedio Ponderada de tus préstamos actuales.

Reinversión de Capital e Intereses

Por si eres de los que no les gustan las matemáticas y te saltaste el capítulo sobre el cálculo de los intereses, a grandes rasgos te explico lo siguiente: Cada mes (o parcialidad) recuperas parte del capital que prestaste y obtienes un determinado interés. Dicho dinero queda disponible en tu cuenta y ya no te estará generando intereses. Básicamente puedes hacer tres cosas con ese dinero:

1- Dejarlo ahí "tranquilito"

Esta opción es lo mismo que dejarlo debajo del colchón o en una cuenta de ahorro. Es útil cuando estás esperando a juntar más dinero para realizar un retiro (opción dos) o para participar en otro préstamo (opción tres).

2- Retirar los fondos a tu cuenta bancaria y darle otro uso

Posiblemente requieras utilizar el dinero para algún gasto o invertirlo en alguna otra oportunidad. Puedes retirar tanto el capital que has recuperado como los intereses que has generado a la fecha.

3- Reinvertir el capital y/o los intereses en nuevos préstamos

Si no quieres dejar tu dinero parado y tampoco necesitas utilizarlo, lo mejor es reinvertirlo en nuevos préstamos para que te vuelva a generar intereses. Si eres el mismo que no quiso leer el capítulo del cálculo de intereses, te comento que el capital recuperado ya no te está generando utilidades y que los intereses son únicamente sobre el capital pendiente.

Invertir el capital recuperado junto con los intereses obtenidos es muy similar a prestar con un interés compuesto. Obviamente en algún momento querrás retirar tu dinero, pero mientras no lo tengas destinado para darle otro uso es conveniente volverlo a invertir. Algunas personas invierten nuevamente el capital y sólo retiran los intereses. ¿Habrás escuchado el dicho de "vive de sus intereses"?

Pudiera parecer algo obvio o incluso tonto, pero vale la pena aclarar que el dinero recibido en cada parcialidad está compuesto por varios conceptos:
Capital + Intereses + Impuestos - Comisiones +/- Otros

Un amigo que también realiza préstamos en línea me platicaba que él estaba ganando X dinero al día. La cantidad me pareció muy elevada, por lo que en un principio supuse que había invertido una fuerte suma de capital para obtener dichas ganancias. Al entrar en detalles, comprendí que el dinero que mencionaba incluía también la recuperación de su capital. Me costó un poco de tiempo explicarle que ese capital simplemente lo estaba recuperando y no era dinero adicional o utilidad. Que sus ganancias únicamente correspondían a los intereses (un pequeño porcentaje del monto que recibía) y si seguía retirando (gastando) todo el dinero se iba a quedar sin nada.

Resumiendo,
Capital: Es el dinero que tienes disponible para invertir,

prestar, guardar o gastar.

Interés: Es el dinero obtenido en forma de utilidad o ganancia sobre un capital invertido.

Impuestos: Es un porcentaje que se debe pagar al gobierno/fisco/hacienda por cualquier ganancia de capital, en este caso de los intereses.

Comisión: Cuota o porcentaje que cobran las plataformas como compensación por sus servicios de intermediación.

Otros: Ingresos o egresos adicionales que se pueden generar a lo largo del préstamo, como puede ser: intereses moratorios, cuotas de recuperación, entre otros.

Retiro de Fondos

Tarde o temprano vamos a requerir retirar dinero que hemos prestado. El procedimiento para retirar los fondos suele ser bastante sencillo. En la mayoría de los portales existe una sección llamada "Retirar Fondos" (o similar) donde sólo se tiene que definir el monto y verificar la cuenta bancaria a donde se hará la transferencia. Cada portal tiene sus propias reglas, pero en general son las siguientes:

1. Tener suficiente saldo disponible.
En los sitios que conozco el retiro de fondos es gratuito y se realiza mediante transferencia electrónica. Algunos portales pueden pedir un mínimo para que el retiro sea gratis, o en su defecto, cobrar una pequeña comisión por la transacción. El dinero que se encuentra comprometido en préstamos o fondeos no puede ser retirado, únicamente el saldo que tengas disponible.

2. Cuenta bancaria a nombre del propietario
Por seguridad, la mayoría de las plataformas de préstamos en línea sólo permiten realizar retiros a cuentas bancarias al mismo nombre del propietario. Es común que la cuenta bancaria con la que haces los depósitos ya se encuentre registrada y pueda ser utilizada para hacer el retiro. En algunos casos es posible solicitar el alta de otras cuentas, siempre que estén a tu nombre.

3. Contraseña de confirmación

En algunos sitios solicitan confirmar la transferencia de retiro mediante una contraseña. Puede ser la misma contraseña que utilizas para ingresar al portal o una contraseña distinta especial para transacciones.

Una vez realizado el trámite para retirar fondos sólo es cosa de esperar y verificar la transferencia. Hoy en día las transferencias electrónicas se realizan en cuestión de minutos. En ocasiones puede tardar un día hábil si son solicitadas fuera de horario de operación. Sin embargo, algunas plataformas aún no cuentan con un sistema de transferencias automatizado y pudiera tomar más tiempo en lo que alguna persona realiza la operación. Lo usual es que tome de 1 a 3 días hábiles para que puedas contar con el dinero en tu cuenta bancaria.

Estrategias de salida

Es posible que en algún momento necesites utilizar el dinero que has prestado para algún otro propósito. Para ello hay que elaborar un plan y tener en consideración que varios préstamos son a mediano plazo (36 meses) o más. Desde el principio recomiendo diseñar una estrategia de entrada pensando en la salida. A continuación unos ejemplos:

Largo plazo, sin propósito definido

Esta estrategia es muy útil cuando tienes dinero disponible y sin necesidad de utilizarlo en el corto y mediano plazo (menos de 5 años). El dinero lo puedes invertir y re-invertir indefinidamente en préstamos a distintos plazos. Tu capital tendrá un buen rendimiento y lo verás crecer con el tiempo. Después de varios años los intereses pueden representar un flujo de efectivo interesante que sirvan para complementar tus ingresos, pensión o plan de jubilación. Es la estrategia que yo empleo actualmente.

Largo plazo, con propósito definido

Similar a la estrategia anterior, pero con algún propósito definido en el largo plazo (más de 5 años). Algunos ejemplos que se me ocurren son: estudios universitarios de tu hija o hijo, adquirir una vivienda, comprar un coche, mejorar tu plan de jubilación, entre otros. Es importante identificar el momento en el que deberás dejar de reinvertir el capital para poder empezar a disponer del mismo. Conforme se vaya acercando la fecha, los nuevos préstamos otorgados tendrán que ser a plazos más cortos hasta que llegue el momento de dejar de reinvertir y empezar a retirar el capital con intereses.

Mediano plazo, sin propósito definido

Si aún no tienes un propósito definido, recomiendo utilizar la estrategia a largo plazo hasta que destines algún uso distinto para tu capital.

Mediano plazo, con propósito definido

Para esta estrategia recomiendo participar principalmente en los préstamos de menor plazo posible (6 a 24 meses). Reinvertir el capital únicamente en periodos menores a la fecha cuando vayas a disponer del dinero.

Corto plazo, con o sin propósito definido

En general opino que los préstamos en línea no son muy convenientes si requieres disponer del dinero en menos de 1 año. Dependiendo del país en donde vivas y el intermediario que elijas, es un tanto difícil encontrar solicitudes de préstamos a plazos menores de 12 meses. Además, parte del atractivo de los préstamos en línea es volver a invertir el capital y los intereses para aumentar las utilidades. Si puedes participar en una cantidad razonable de préstamos (entre 25 y 50) a corto plazo, quizá sea buena opción. De lo contrario, es posible que sea más conveniente invertir en algún fondo de inversión indexado a la bolsa (S&P o similar) con buena liquidez.

Préstamos Internacionales, Bitcoin y otros

En un principio hice el intento de inscribirme en plataformas internacionales de alto renombre, principalmente Lending Club que operan en Estados Unidos y Zopa que opera en el Reino Unido. Sin embargo, no me fue posible ya que es necesario tener residencia en cada país respectivamente. Investigué otros sitios de préstamos P2P y en todos era la misma situación. Uno de los principales problemas son las complicaciones asociadas con la transferencia de fondos de un país a otro, todas las regulaciones aplicables para el tema del lavado de dinero, pago de impuestos, entre otras. Por el momento no conozco sitios que ofrezcan cobertura internacional, con la única excepción de sitios de préstamos en criptomonedas.

Las criptomonedas o criptodivisas son un tipo de moneda digital, normalmente basadas en un sistema de criptografía. La criptomoneda más famosa a la fecha es el Bitcoin, misma que lleva varios años en uso y ha tenido una buena aceptación a nivel internacional. Por mencionar algunas otras criptomonedas: Litecoin, Peercoin, Dogecoin, Dogecoin, Ripples, Namecoin, etc. Una ventaja de las criptomonedas es su descentralización; lo que permite utilizarlas internacionalmente, sin intermediarios y con cierto nivel de anonimato. Algunos expertos argumentan que las criptomonedas no pueden ni deben ser consideradas como una moneda, ya que carecen de algunas características de una moneda tradicional. El tema de las criptomonedas es muy extenso y es materia para un libro completo.

Existen varios sitios de préstamos persona a persona que aceptan a usuarios internacionales y cuyos préstamos se hacen exclusivamente en criptomonedas (principalmente el Bitcoin). La facilidad con la que se pueden transferir fondos en Bitcoins a cualquier parte del mundo ha propiciado la proliferación de estos sitios. Sin embargo, por su amplia cobertura también se presta a muchos fraudes. Algunos de los sitios más famosos son BitLendingClub.com y BTCJam.com. Existen muchos otros sitios, pero esos dos son en los que hice algunas pruebas.

Dice un dicho, *el que mucho abarca poco aprieta*, y esa es la principal desventaja de los sitios de préstamos en línea internacionales. Prácticamente cualquier persona puede solicitar un préstamo sin cumplir con mayores requisitos. La confianza se basa en un sistema de reputación, que no necesariamente toma en cuenta la capacidad de pago o riesgo. Los prestatarios pueden proporcionar, de manera opcional, una serie de documentos e información para mejorar su calificación. Mediante un algoritmo se define una calificación, que suele ser mayor mientras más información se proporciona y se tenga un buen historial. Es importante aclarar que la información proporcionada no necesariamente es revisada por una persona que garantice su veracidad.

Algunos de los documentos que solicitan las plataformas son: Comprobantes de ingreso, referencias personales, identificación, estado de cuenta bancario y/o de tarjeta de crédito, entre otros. También llegan a pedir lo que se conoce como "prueba social" (Social Proof en inglés), que considera redes sociales, comercio electrónico, foros, blogs, entre otros. El contenido de los documentos es confidencial y no puede ser consultado por los prestamistas, únicamente se indica si cumplieron o no en presentar la información. A continuación les comparto unos ejemplos del sistema de reputación en BitLendingClub y BTCJam.

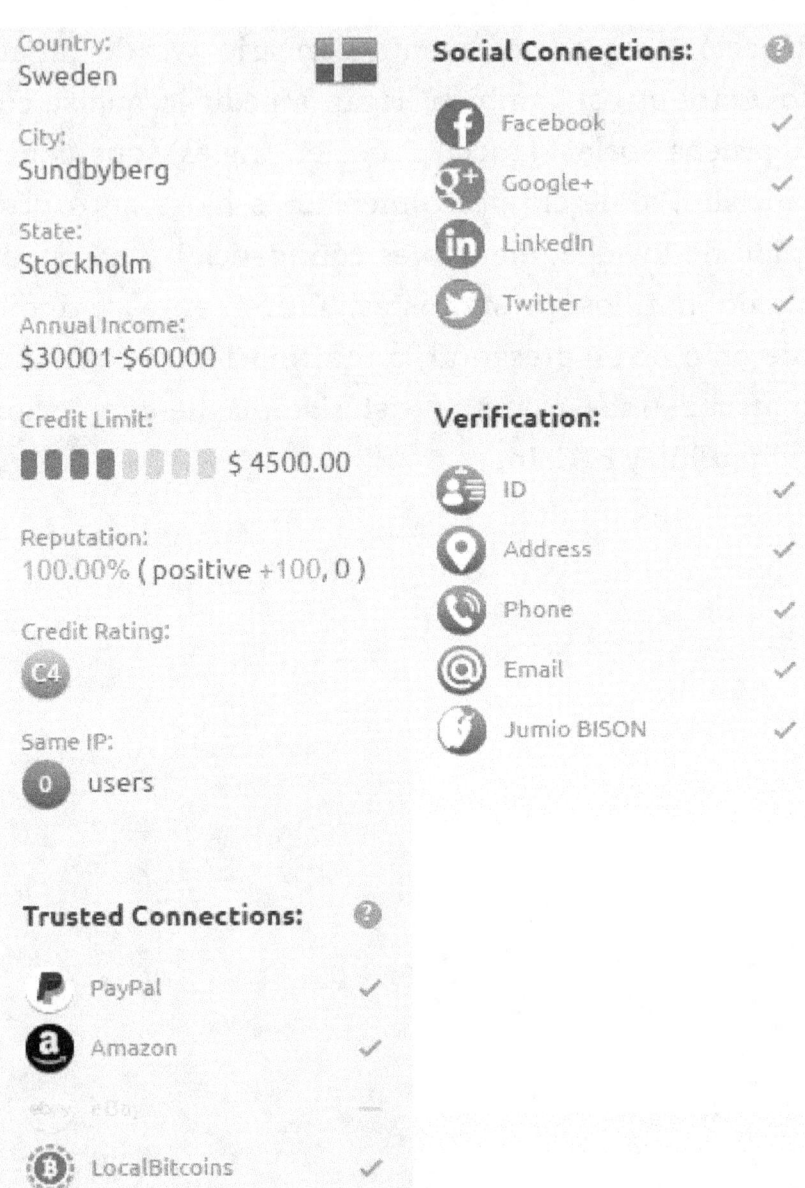

Sistema reputación en BitLendingClub

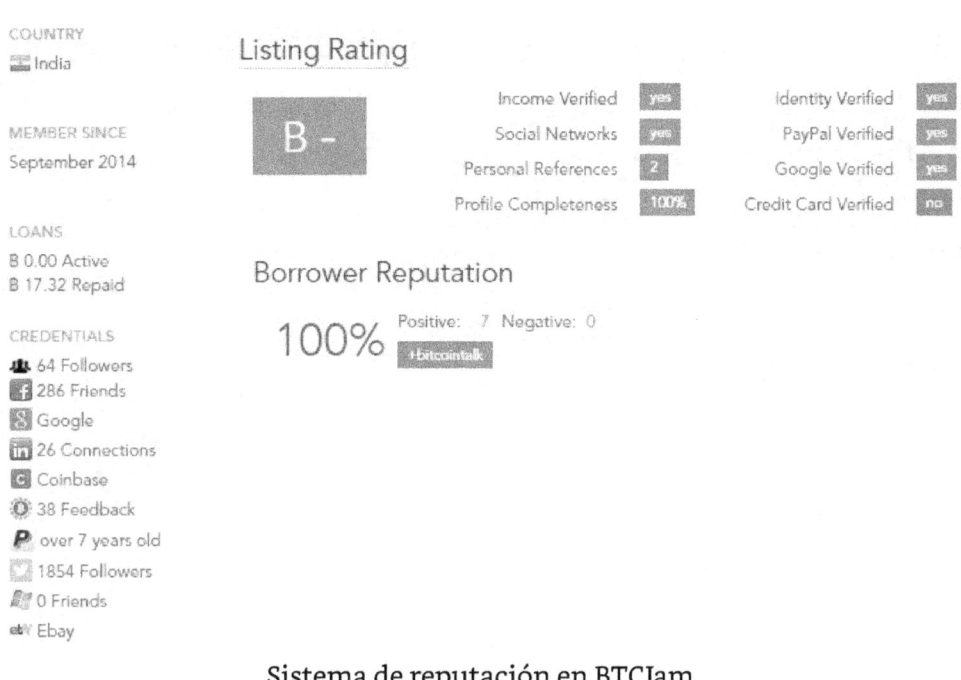

Sistema de reputación en BTCJam

No sólo es muy difícil evaluar el nivel de riesgo de una forma más objetiva, sino que también es muy difícil recuperar los saldos vencidos. Aunque se han hecho muchos esfuerzos para mejorar el tema de cobranza, a la fecha es demasiado complicado proceder en contra de quien defrauda un préstamo en otro país. Muchas personas aprovechan la situación para hacer fraudes, pidiendo prestado sin la mínima intención de pagar el dinero.

Bajo la premisa que todos somos buenas personas hasta demostrar lo contrario, y que en promedio la gente es más propensa a hacer el bien que el mal, decidí hacer uso de ambas plataformas. Tristemente debo confesar que en lo personal no me fue muy bien. En ambos sitios invertí 0.5 Bitcoins ($300 dólares) y en cada uno perdí casi el 40% de mi capital en tan sólo 6 meses. Dentro de mi estrategia traté de diversificar, prestando montos iguales en cada préstamo, seleccionando perfiles que parecían confiables, distribuyendo riesgos, etc. Les comparto una imagen de mi desempeño histórico en BitLendingClub.

```
Investments

  BTC    USD    BRL
Interest Earned: 0.10315625 B              Realized TWRR ROI:   3.1839 %
Invested: 1.62490000 B                     Unrealized TWRR ROI: 3.1839 %
Repaid: 1.43110238 B                       Profit/Loss: -38.26 % (-0.1913 B)
Late: 0.00 % (0.00000000 B)
Default Rate: 18.28 % (0.29695387 B)
                                                      MY INVESTMENTS
```

Desde hace casi un año que ya no presto ni participo activamente en estas plataformas. Tengo entendido que varias cosas han cambiado y parece que han tomado medidas para mejorar la rentabilidad de los prestamistas. Recientemente incluyeron un sistema automático para invertir y diversificar los préstamos, con ganancias pronosticadas del 5 al 13% anual dependiendo el perfil de riesgo. Aún no lo he probado, ya que de momento prefiero continuar con los préstamos en sitios nacionales que me han dado mejores resultados. No digo que los sitios internacionales sean necesariamente malos, pero mi experiencia el año pasado no fue buena. Quizá en un futuro próximo mejore su rendimiento y valga la pena hacer la prueba nuevamente.

Conclusión

Los prestamos persona a persona, como cualquier otro tipo de inversión, representan un riesgo. En el libro presenté varias medidas que espero sean de utilidad para disminuir el riesgo y aumentar tus ganancias. En año y medio que llevo prestando en línea he obtenido mejores resultados que en otros tipos de inversión como: la bolsa de valores, Cetes y préstamos a plazo fijo.

Los rendimientos pasados no garantizan rendimientos futuros, por lo que diversificar es siempre una buena estrategia. Espero los préstamos P2P sean una alternativa de inversión atractiva y el libro haya sido de utilidad. Para cualquier comentario o duda, puedes contactarme por correo en eugenio@ganardineroclick.com. También te invito a visitar mi blog en http://www.ganardineroclick.com/. Siempre hago mi mejor esfuerzo para responder lo más pronto que me sea posible.

Bonus - Reporte de los Tres Principales Sitios P2P en México

Te invito a suscribirte a mi lista de correos para recibir el reporte de los tres principales sitios de préstamos en línea en México. Conoce sus ventajas, desventajas y recomendaciones para obtener las mayores ganancias posibles. Recibe el reporte completamente gratis al registrarte en:

http://www.ganardineroclick.com/lista

Recibe también la hoja de cálculo para los intereses, eBooks gratis durante su primer semana de lanzamiento, avisos de información relevante y mucho más.

Detesto el SPAM como cualquier persona. Solamente envío unos cuantos correos al mes sobre temas para ganar dinero en línea. Puedes salir de la lista en cualquier momento con un simple clic. Tus datos están protegidos y no serán compartidos con terceros. Para mayor información revisa el aviso de privacidad.

Un Favor...

Tu retroalimentación es muy importante para mí. Mucho agradezco de tu apoyo en calificar mi libro y poner tus comentarios al respecto. Me será de mucha utilidad para futuros libros o alguna revisión de este libro. Si te gustó el libro, no olvides suscribirte a mi lista de correos en:

http://www.ganardineroclick.com/lista

¡Muchas gracias!

www.ingramcontent.com/pod-product-compliance
Lightning Source LLC
Chambersburg PA
CBHW060403190526
45169CB00002B/733